AF499962

DES COLONIES

ET

DE LA LÉGISLATION

SUR LES SUCRES.

PARIS.—IMPRIMERIE DE FAIN ET THUNOT,
Rue Racine, 4, près l'Odéon.

DES COLONIES

ET

DE LA LÉGISLATION

SUR LES SUCRES,

PAR AMÉDÉE HAMON,

DOCTEUR EN DROIT.

PARIS.

JOUBERT, LIBRAIRE-ÉDITEUR,

RUE DES GRÈS, 14, PRÈS L'ÉCOLE DE DROIT.

1839.

A mon Père,

hommage

De Reconnaissance et d'Amour filial.

PRÉFACE.

Depuis un an, des voix plus expérimentées, plus savantes que la mienne, ont pris part à cette grande querelle, qui, sous sa modeste étiquette, touche aux plus vastes matières de l'économie politique et aux intérêts nationaux les plus graves; mais presque toutes ont plaidé sous l'influence d'un intérêt personnel, influence qui domine à son insu l'intelligence la plus consciencieuse.

J'ai porté sur l'ensemble un regard désintéressé; je me suis placé au point de vue de la France et d'une saine économie politique prudemment appliquée.

Inconnu, je me suis jeté dans un pareil débat; plusieurs blâmeront cette hardiesse et mon inexpérience.

L'expression de ma pensée paraîtra quelquefois un peu roide, parce que j'ai parlé sous l'empire d'une conviction : la mollesse du langage accuse trop souvent la faiblesse de la pensée; et si je n'avais été convaincu, je n'aurais point écrit.

Je n'en ai pas moins une humble défiance pour mes propres forces, et si je me trompe, je ne demande qu'à être éclairé : je veux avant tout le vrai et le juste.

Si mes raisonnements sont vicieux, qu'on les néglige et qu'on m'oublie. Mais j'ai tâché de préciser dans ce travail une idée qui est dans la pensée de beaucoup, et pour celle-là j'attends de tous une franche adhésion : cette idée que les temps d'hésitation sont passés, qu'il faut sortir des vagues délais et des pâles mesures, se demander où l'on marche, fixer un but et y marcher ensuite d'un pas ferme ; cette idée qu'il n'y a pire chose pour un gouvernement, pour des ministres et pour une chambre, que de faire des lois au hasard et sans système, et qu'il n'y a pire chose pour tous les intérêts matériels ou moraux que d'être ainsi dirigés longtemps.

Ma faible parole attirera sans doute bien peu d'attention ; mais je serais heureux si quelques-uns, mieux placés dans la presse ou à la tribune, fécondant ma pensée, parvenaient à faire comprendre ce qu'il y a de grave dans la situation, de périlleux dans l'inertie, et combien il importe d'arriver, par une discussion sérieuse, à régler d'une manière définitive les grands intérêts compromis.

Puisse la Chambre, au lieu de ces lois d'expédient qui prolongent l'agonie, donner une de ces décisions larges qui préparent et qui sauvent l'avenir !

12 Juillet 1839.

DES COLONIES,

ET

DE LA LÉGISLATION SUR LES SUCRES.

INTRODUCTION.

Les Chambres ont marché au hasard, et le mal s'est produit ; nécessité pour les Chambres d'arrêter un système.

Depuis vingt ans les Chambres ont, à de fréquentes reprises, agité la question des sucres et les intérêts économiques de nos colonies.

De nombreuses ordonnances ont été rendues ; de nombreuses lois votées.

Les législateurs étaient animés des meilleures intentions ; leurs débats dirigés par des hommes éminents ; les saines doctrines de l'économie politique se propageaient de jour en jour dans les Chambres.

Et cependant, chaque fois qu'on a touché aux intérêts coloniaux, et particulièrement à la question des sucres, le mal s'est aggravé; les difficultés sont devenues plus compliquées et plus menaçantes.

Et cela, parce que le gouvernement et les Chambres ont toujours agi sans système, cédant à l'influence de faits transitoires et de réclamations intéressées et aveugles;

Parce qu'au lieu de s'élever au-dessus des faits accidentels, et de porter sur l'avenir une vue large pour reconnaître un but et diriger de ce côté les faits et les lois, gouvernement et Chambres se débattaient péniblement au milieu des faits eux-mêmes.

De ce qui devait être remède le mal est sorti; les choses ont été amenées à un point où il est impossible de rester stationnaire, et où il semble également dangereux d'avancer ou de reculer.

Dès avant la révolution, l'absence de système, la facilité trop grande à céder à des réclamations criardes, produisirent les mêmes inconvénients. Je citerai un exemple bon à méditer.

En 1682 nos colonies approvisionnaient de sucre la métropole et une partie de l'Europe.

Les raffineurs demandent que la réexportation du sucre brut soit interdite, afin que les usines étrangères ne profitent point de la main-d'œuvre du raffinage. — Obtenu.

Maîtres du marché, les raffineurs font baisser le prix du sucre brut. Les colonies se plaignant de leur ruine, veulent raffiner elles-mêmes. — Obtenu.

La matière du fret se trouvant réduite, les navires ont peine à trouver leur chargement; le taux du fret baisse; au bout d'un an cinquante et quelques vaisseaux demeurent sans emploi. Les armateurs se plaignent. —On grève d'un droit de 8 liv. par quintal ordinaire l'importation du sucre raffiné, ce qui équivalait à une prohibition.

Alors le prix du sucre brut s'avilit de nouveau; la production est découragée.

En 1684, il fallut rétablir les choses sur l'ancien pied; mais pour indemniser les raffineurs du dommage qu'on était censé leur faire en rendant au commerce la faculté de vendre au dehors les sucres bruts, on créa le monopole des raffineries existantes par défense d'en établir de nouvelles, et on donna 9 fr. de prime par quintal ordinaire de sucre raffiné exporté.

Ainsi, pour avoir agi au hasard, sans examen des faits, sans calcul des conséquences, pour avoir cédé une première fois aux réclamations des raffineurs, on blessa les colonies; pour satisfaire les colonies on blessa les armateurs; il fallut défaire indirectement pour eux ce qu'on venait de faire pour les colonies. Blessées de nouveau, celles-ci réclamèrent, et après deux ans de tergiversations dans les lois et de perturbations dans les faits et dans les intérêts, il fallut revenir à l'ancien état de choses. Mais on avait créé des droits quasi-acquis, et de là sortirent, avec le monopole des raffineries, les primes à l'exportation, et dès lors aussi les querelles pour le rendement.

Les variations du système colonial rempliraient d'ailleurs une longue et déplorable histoire; mais toutes ces hésitations pouvaient se pardonner alors : on n'avait ni la science ni l'expérience.

Il n'en est plus de même aujourd'hui; les Chambres

seraient coupables de ne point appliquer l'une et de ne point tenir compte de l'autre.

Voyons cependant comment elles ont conduit l'un seulement des intérêts coloniaux, celui qui se rattache à la production du sucre.

La révolution, les guerres maritimes, le blocus continental, la prise de nos colonies par les Anglais, la rupture complète des relations entre la France et les colonies, avaient fait pour les intérêts coloniaux une sorte de table rase.

Dès lors, avec un système bien arrêté, des vues larges sur l'avenir, on pouvait éviter tous les embarras et toutes les ruines qui se produisent aujourd'hui, qui se produiraient lors même que la fabrication du sucre indigène n'existerait point en France, et qui continueraient à se produire quand même cette fabrication serait tuée par nos lois.

Il fallait ne point s'émouvoir de quelques accidents économiques, et résister aux exigences irréfléchies des colons qui voulaient vivre vite et au jour le jour.

Le commerce et la prospérité coloniale se seraient peut-être développés plus lentement d'abord, mais aussi plus sûrement et d'une manière durable. La génération présente jouirait déjà de la prospérité que les générations futures connaîtront seules, après avoir enterré les morts du système protecteur.

Mais les Chambres ont marché au hasard ; les difficultés ont grandi.

Sous l'Empire, le sucre étranger payait des droits énormes de 3 et de 400 francs par 100 k. A l'avènement de la Restauration, la France consommait 7 millions de k. et le sucre se vendait 6 fr. la livre.

L'ordonnance du 23 août 1814 ouvrit nos ports aux sucres de toutes provenances. Un droit de 40 fr. portait sur le sucre colonial français, ou étranger, droit purement fiscal. Notre commerce maritime prit un rapide essor, le prix du sucre baissa, la consommation augmenta.

Les colonies se plaignant de la concurrence du sucre étranger, demandèrent une protection. La loi de 1816 fixa le droit sur le sucre des colonies à 45 fr., sur le sucre étranger à 70 fr., surtaxe de 25 fr.

Une fois engagées dans ce système, les colonies comptèrent sur la protection indéfinie, et, au lieu d'améliorer leur fabrication, s'occupèrent à l'étendre.

En 1820, l'étranger nous vendait encore 7 millions de k. Les colonies demandèrent une élévation de la surtaxe; elle fut portée à 30 fr.

Cependant les étrangers fournissaient encore 3 millions de k. Les prétentions des colons croissant avec la docilité de la législature, ils voulurent tenir de la loi leur fortune toute faite, et lui demandèrent ce qu'ils n'auraient dû demander qu'à eux-mêmes et à leur travail. La surtaxe sur les sucres étrangers fut portée à 50 fr., et avec le décime 55 fr., par la loi de 1822.

Pendant que l'intérêt du colon entraînait le législateur dans la voie de la surtaxe, les intérêts unis de ce même colon et du raffineur l'entraînaient aussi dans la voie des primes.

De 1816 à 1822, les primes à l'exportation des sucres raffinés furent successivement élevées.

En 1822, sous l'influence de quelques esprits supérieurs, les Chambres remplacèrent la prime par le drawbach, importante conquête d'un principe. Malheureusement l'ordonnance de 1823 fixa le rendement à 40 pour cent; les produits secondaires du raffinage, lumps, vergeoises, mélasses, se trouvèrent alors rester en France exempts de droits.

Les colonies se plaignirent : 1° de ce qu'on laissait aux raffineurs, pour l'exportation, le choix entre leur sucre et le sucre étranger; 2° de ce qu'une partie des produits secondaires étrangers restaient en France exempts de droits. Pour faire justice à cette deuxième plainte qui seule était fondée, sans abandonner le drawbach, il suffisait de rectifier le rendement.

D'autant plus exigeantes qu'on leur cédait plus ingénument, les colonies mettaient en avant cette prétention nouvelle que, non-seulement on leur devait exclusivement le marché français, mais en outre qu'on devait leur ouvrir le marché étranger : 1° en leur rendant à l'exportation le droit payé à l'importation; 2° en leur payant la différence entre le prix de revient de leur sucre et le prix de revient du sucre étranger, pour que, désintéressées, elles pussent livrer à l'étranger au prix normal du sucre étranger.

Ainsi, le colon disait au gouvernement : Le sucre vaut 3 : on en trouve sur tous les marchés à 3, je veux 5 du mien; arrangez vos tarifs pour que je les obtienne, et en même temps pour que je vende partout et tout ce que je produirai.

Le trésor et le consommateur se cotisèrent et se partagèrent les sacrifices. Le colon retira d'abord régulièrement le prix normal de 3, valeur réelle, seul qu'on lui eût payé librement. Quant au supplément de 2, il le trouva : s'il vendait au Français, c'était le

Français qui, outre le prix de 3, payait le supplément de 2; s'il vendait à l'étranger, celui-ci payait le prix de 3, le trésor français payait le supplément de 2.

Dès lors, le colon avait l'art de faire beaucoup de bruit et de grouper les chiffres de manière que le plus clairvoyant n'y comprît rien. Or à des gens qui crient et qui groupent les chiffres, que voulez-vous que puisse répondre une chambre sans système, toujours prête à osciller au jour le jour?

Le drawbach fut supprimé; une prime de 120 fr. fut allouée à l'exportation du sucre raffiné, sans distinction de provenance de la matière première. On ne raffina plus dès lors pour l'exportation que du sucre français, et cette prime, déjà exorbitante, se trouvait encore augmentée par l'allocation d'une tare de 4 p. 0/0, c'est-à-dire qu'au lieu de payer la prime sur le poids net, on la payait sur un poids brut dans lequel on permettait de comprendre 4 p. 0/0 de papier et de ficelle; de sorte qu'en réalité la prime de 120 fr. était allouée pour l'exportation de 96 kilog. raffinés, ou, si l'on veut, 100 kilog. raffinés recevaient 125 fr. de prime.

Pendant que les producteurs coloniaux étaient ainsi enrichis aux dépens du trésor et des consommateurs français, les producteurs français se crurent en droit à leur tour d'exploiter l'exclusif contre les colonies. Toujours bienveillants, même dans leurs inconséquences, le gouvernement et les Chambres resserraient de plus en plus le régime de l'exclusif. Les colonies, depuis 1814, n'y avaient été replacées que peu à peu; il fut définitivement rivé sur elles par l'ordonnance de 1826.

Les colons payaient plus cher ce qu'ils nous achetaient; mais comme ils vendaient deux fois plus cher ce qu'ils nous livraient, en considération du bénéfice net ils se préoccupaient peu des chiffres bruts.

Ayant bien travaillé, les Chambres se reposèrent. La production métropolitaine, détournée de ses débouchés naturels, s'engagea dans un débouché restreint et factice, et les colons, se voyant un débouché forcément assuré aux dépens du trésor et du consommateur, cherchèrent, non plus à produire à bas prix, mais à beaucoup produire à tout prix, dans la bonne ou dans la mauvaise terre, avec des capitaux empruntés à de bons ou de lourds intérêts; allant à l'aventure, et comptant bien, au premier danger, retrouver les Chambres toujours dociles et trompées.

Et, sous cette protection, la betterave, à laquelle on ne pensait plus, se développa dans l'ombre, germe fécond de perturbations nouvelles et profondes.

En 1827 et 1828 survient dans les prix une légère hausse; les raffineurs se plaignant que la prime n'est plus suffisante, veulent recourir au moyen ordinaire, l'augmentation de cette prime par une loi.

Le ministre consulta cette commission d'enquête qui eut des vues si sages et de si sagaces instincts, et qui déjà la première se préoccupait de la betterave, oubliée de tous.

La commission demanda le retour au drawbach : « C'est assez de garantir aux colonies le marché français, disait-elle; nous ne leur devons point le marché étranger. »

Aucune loi ne fut portée, la protection était assez énorme, le consommateur payait assez de surtaxes, le trésor assez de primes, et le législateur avait amassé pour l'avenir assez de difficultés.

Cependant les primes augmentaient rapidement; elles arrivèrent, en 1832, à 19 millions, sur lesquelles 11 étaient une restitution de droits payés, 8 un pur cadeau de la main à la main fait aux colons et aux raffineurs.

Un état de choses si dommageable éveilla l'attention; les colons eux-mêmes se résignèrent à le voir cesser; la Chambre abolit la prime et rétablit le drawbach sur un rendement de 70 p. 0/0. Toutefois, elle laissa subsister encore quelques primes additionnelles plus ou moins déguisées : la tare de 4 p. 0/0 fut maintenue; les mélasses reçurent, à l'exportation, une prime de 12 fr. par 100 kilog.; la fixation du rendement à 70 était trop faible.

Éclairée par l'expérience et aussi par la science qui s'infiltrait en elle, la Chambre paraît un instant vouloir suivre un système de sage réaction : elle poursuit la prime partout où elle se réfugie. Successivement la tare est réduite de 4 à 2 p. 100, puis supprimée; la prime sur les mélasses est abolie; le rendement est élevé à 75. Nous devons faire une remarque sur cette élévation du rendement : par suite du prix excessif des sucres coloniaux, la raffinerie ne travaillait alors pour l'exportation que du sucre étranger. L'élévation du rendement ne pouvait nuire qu'aux raffineurs, et devenait utile aux colonies. Le conseil des délégués demanda cette mesure, et M. Charles Dupin, dans le compte par lui rendu des travaux du conseil, se félicite de l'avoir obtenue (1).

(1) Défense des intérêts coloniaux confiés aux délégués. Compte rendu par M. Charles Dupin. 1838.

Cependant les souffrances commencèrent aux colonies, et au même instant l'active concurrence de la betterave les menaçait de ruine.

Depuis 1828 on parlait vaguement d'impôts futurs sur le sucre indigène : presque tout le monde acceptait le principe pourvu que l'application fût ajournée. En 1833 un ministre prévoyant demanda l'impôt de 5 fr., proposant d'augmenter également de 5 fr. l'impôt sur le sucre colonial.

La protection de 49, 50 subsistant toujours pour l'industrie française, elle eût été peu fondée à se plaindre ; cette protection n'étant point augmentée, les colonies aussi n'avaient point à se plaindre.

Les dépenses de perception eussent presque absorbé ce faible impôt ; mais le principe eût été conquis ; mais l'impôt eût été facilement organisé sur un petit nombre de fabriques et sur une production peu développée ; un avertissement salutaire eût été donné aux industriels, on n'eût point laissé germer des intérêts factices ; le point de départ admis, la perception organisée, il eût été facile d'élever graduellement l'impôt jusqu'à un chiffre normal et de juste équilibre avec la taxe sur le sucre colonial.

Suivant les allures tracées par leurs rivaux des colonies, les fabricants indigènes songèrent à nourrir les illusions, à capter la sensibilité d'un législateur qui se laissait guider par de belles promesses et non par des principes et des faits. La betterave raisonna plante sarclée, industrie ménagère, et finit par l'argument d'usage : « Vous avez protégé la canne, vous devez nous protéger aussi. » On la protégea donc ; l'impôt fut ajourné.

Les sucreries se multiplièrent, on planta la betterave dans la bonne et dans la médiocre terre; on emprunta des capitaux à de bons ou de lourds intérêts; on se pressa, on se poussa; quelques-uns firent faillite, beaucoup se mirent dans la nécessité de faire faillite plus tard, mais en attendant réalisaient des bénéfices, sauf à parler plus tard droits acquis.

Cependant les colonies jetaient de hauts cris, les recettes du trésor diminuaient, le mal croissait: la nécessité d'un impôt sur le sucre indigène fut reconnue; le gouvernement présenta un projet en 1836.

En 1833 l'exercice eût pu être appliqué facilement à une centaine de fabriques; en 1836 les intérêts groupés autour de 4 ou 500 fabriques étaient assez forts pour résister. Ils repoussèrent l'exercice; les modes de perception successivement proposés par le ministère et par la commission de la Chambre furent jugés vexatoires, et la loi ne fut point discutée. Le mal croissait toujours.

N'osant plus parler d'impôt, le gouvernement l'année suivante proposa un dégrèvement de 22 fr. sur les sucres des colonies.

C'était atténuer le mal présent, mais c'était aussi, par une prolongation d'immunité pour la betterave, accroître la difficulté de l'imposer plus tard; c'était diminuer énormément la taxe en avouant qu'il faudrait la réaugmenter quand on imposerait le sucre indigène; c'était amener ainsi dans les tarifs une oscillation nuisible à toutes les opérations régulières, et dont quelques spéculateurs peuvent seuls profiter.

Au premier abord c'était aussi mettre le trésor en souffrance; mais M. Duchâtel, qui cherchait à éluder les difficultés de la situation économique, était trop intelligent, trop dévoué aux intérêts de son ministère pour aggraver les dommages déjà soufferts par le trésor. Acceptant de vagues adhésions données par les colonies, il proposa de réduire à 15 fr. la surtaxe des sucres étrangers.

Beaucoup de sucre étranger fût entré en France, le trésor eût puisé de ce côté ce qu'il perdait de l'autre; mais que fût-il arrivé?

On paraissait ménager la betterave en refusant de l'imposer, et on la faisait souffrir par le dégrèvement et par l'abaissement de la surtaxe.

On paraissait satisfaire les colonies par le dégrèvement, et on les faisait souffrir en introduisant le sucre étranger.

La canne et la betterave se plaignaient de se faire déjà trop de concurrence dans un débouché restreint, et l'on appelait un troisième concurrent.

Le drawbach uniforme également proposé, retour volontaire à de vieilles difficultés vaincues, devait être pour les colonies un vain palliatif, ou s'il eût été pour elles efficace, il devenait ruineux pour le trésor.

Parce que Chambre et gouvernement n'osaient franchement aborder la situation, parce qu'on avait peur de résoudre, on se bornait à faire osciller un chiffre au lieu d'arracher le mal à sa racine. On faisait souffrir tout le monde, sans songer à tirer parti de ces souffrances pour la santé à venir; et toutes les difficultés restaient.

Avant la discussion du projet, le ministère fut remplacé.

Le nouveau ministre des finances n'osa point apporter un nouveau projet; mais comprenant l'urgence d'un impôt sur le sucre indigène, il eut l'adresse de l'insinuer, et l'insinuation ayant été acceptée, il soutint franchement le principe.

Mais déjà depuis plusieurs années, dans cette question, les ministres, au lieu de diriger les Chambres, hésitaient et s'en remettaient à elles du soin de débrouiller ce qu'il fallait. Un député qui, dans deux discussions importantes, a montré ce que peut une courageuse persévérance et un esprit de décision au milieu de Chambres indécises, proposa l'impôt et l'exercice. La Chambre accepta l'un et l'autre.

Dès lors aussi commencèrent les souffrances des fabricants indigènes, et les souffrances des colonies ne furent point diminuées.

Chaque pas dans les voies de la protection avait accumulé des germes de mal, et chaque pas fait par les Chambres pour apporter un remède, faisait éclater ces douloureux germes.

La législature et le gouvernement parurent bientôt troublés de leur ouvrage. Les uns crurent avoir trop fait, les autres pas assez.

Comprenant toujours que la Chambre n'avait point de système et n'avait rien décidé pour l'avenir, les intérêts opposés se mirent à la tirailler en tous sens.

Au lieu d'examiner la question, d'arrêter une marche rationnelle à suivre, on pensa comme toujours aux expédients dilatoires: on parla de dégrèvement; mais quand il n'y a point de but et qu'on ne sait où l'on marche, un pas insignifiant devient une chose grave parce qu'il peut tout compromettre.

Le gouvernement n'osa rien en l'absence des Chambres. La crise politique ajourna toutes les affaires; et le nouveau ministère qui comprend trois hommes de talents spéciaux ayant en divers temps montré une profonde intelligence de la question, le nouveau ministère n'osant toucher aux racines du mal, dans les derniers jours d'une session avortée, a remis aux Chambres, sans doute en gémissant, un projet qu'il n'a point fait, à la bonté duquel il ne croit guère, et qui ne terminera rien parce qu'il tourne comme toujours dans le cercle vicieux du passé: dégrèvement énorme qui tuera l'industrie indigène et soulagera peu les colonies; abaissement du rendement défaisant, aux acclamations des colons et des fabricants du nord, ce qu'avait obtenu le conseil des délégués; retour à la prime déguisée, depuis cinq années pourtant traquée par la Chambre dans toutes les lois; taxe, rendement, prime, trois pointes d'un triangle hors duquel il semble qu'il n'y ait point de salut et dans lequel on ne trouvera jamais de solution.

Et cependant les souffrances se multiplient;

Les plaintes s'aigrissent et s'exagèrent;

Les espérances et les ambitions se montent en proportion des hésitations du pouvoir;

Les colons crient;

Les négociants des ports crient;

Les armateurs crient;

Les raffineurs crient;

Les manufacturiers qui vendent aux colonies se plaignent;

La betterave est en émoi;

L'agriculture se lamente;

Les conseils généraux font des vœux pour la betterave; les chambres de commerce des villes maritimes pour la canne:

Tous ces intérêts divers pétitionnent, et cherchent à soulever de nouveaux intérêts pour se les allier.

La canne ameute les vins; la betterave ameute les ouvriers dont elle augmente les salaires. Les arrondissements, les communes se divisent. Dunkerque pétitionne pour la canne, et sa banlieue pour la betterave; et chacun exagère de mieux en mieux, et leurs exagérations passées les obligent à en faire de nouvelles; ils savent qu'on rabat 50 pour 100 de leurs discours, et, quand ils veulent faire comprendre 50, ils sont obligés de dire 100, comme les marchands de papier-musique marquent 6 ce qu'ils vendent 4.

A travers d'incroyables divagations chacun songe à frapper fort plutôt que juste; l'expérience du passé dit: Frappez, et, sans demander qui vous êtes, la Chambre ouvrira.

Les Chambres et les intérêts ont été imprévoyants; la canne dit: Vous avez eu tort peut-être de nous protéger, mais il y a des droits acquis; puis elle dénombre ses hectares, ses capitaux, les emprunts qu'elle a faits, les pertes qu'elle endure, les vaisseaux qu'elle emploie et ceux qu'elle n'emploie pas.

La betterave faisant le même raisonnement dénombre aussi ses hectares, ses capitaux, les machines qu'elle a achetées, et celles qu'elle aurait pu acheter, les contributions qu'elle paye et celles qu'elle ne paye pas.

Et le gouvernement étonné se demande s'il est bien vrai qu'il ait enfanté tout cela par ses lois.

La canne parle contrat à rompre ou à ne pas

rompre ; c'est là son programme de l'Hôtel-de-Ville ! Il y en a qui menacent la France d'une séparation violente, sans doute au profit de 300,000 noirs, au milieu desquels s'agitent quelques milliers de blancs.

La betterave aussi a inventé son contrat de 1837, et en demandant privilége, parle de liberté. Puis la canne et la betterave secouant le pouvoir comme deux plaideurs un arbitre, concluent *in extremis*, à ce qu'il lui plaise indemniser et acheter leurs usines, terres, noirs et machines, qu'il faudrait prendre encore sans doute à déclaration de valeur par les intéressés.

Puis tous ces intérêts groupent des chiffres si forts et si menus, si bien entortillés les uns dans les autres, que personne n'y comprend plus rien, et que désespérant d'arriver à la vérité, les meilleurs esprits, fatigués, plutôt que de la chercher eux-mêmes, se disent: La canne prétend 6, la betterave 2 : soit fait par la $\frac{1}{2}$; mettons 3, arrivera que pourra !

Au milieu de ce pêle-mêle d'exagérations, de douleurs réelles et de douleurs supposées, la Chambre adoptera-t-elle les expédients qu'on lui propose ? Alors rien ne sera fini ; la discussion législative recommencera l'année prochaine, si toutefois la politique le permet.

La question des sucres a toujours mis en jeu le système colonial entier ; mais la Chambre ayant peur de se prononcer, après une discussion générale, en venait à des conclusions partielles, et pour éviter une fois une discussion approfondie, se mettait sur les bras d'interminables discussions à venir.

Et il faudra pourtant que la Chambre en vienne à

ce travail définitif, devant lequel elle semble reculer.

C'est elle qui, par ses concessions imprudentes, a nourri le mal ; à elle de le détruire, et si la tâche est pénible, elle ne se la facilitera point en fermant les yeux.

Oh ! si une fois toutes les plaies de la situation étaient profondément sondées par tant d'esprits éclairés qui sont dans les Chambres, si les faussetés du système colonial étaient impitoyablement mises à jour, si les remèdes étaient indiqués d'une main ferme, la Chambre que ses discussions économiques font si grande et si savante dans le *Moniteur*, et dont l'instruction, sous ce rapport, est bien plus avancée que celle de la masse en France, la Chambre comprendrait et agirait.

Si des ministres, s'élevant au-dessus de faits accidentels, au-dessus du nuage des petits intérêts, montraient clairement le but à atteindre, non parce que les intéressés l'ont demandé, mais parce qu'il est bon ; si ces ministres commençaient dès lors à diriger les choses de ce côté ; s'ils parvenaient à associer les Chambres, ne fût-ce que par une adhésion morale, au système qu'ils auraient produit, s'ils parvenaient à faire passer dans la masse des intéressés la conviction que ce but sera atteint malgré leurs exagérations et leurs clameurs nouvelles ; alors il y aurait un immense résultat, quand même aucun vote de chiffres ne suivrait cette discussion approfondie, cette manifestation d'un principe.

Alors la source des difficultés serait tarie ; il n'y aurait plus qu'à liquider avec le temps les difficultés présentes.

Alors la discussion principe, la discussion de système, celle qui engage l'avenir, étant une fois vidée, d'ici à 8 ou 10 ans, quand les mesures de transition viendraient à se produire aux Chambres, il n'y aurait plus qu'à discuter sur l'opportunité d'application d'une mesure déjà jugée bonne et convenue d'avance. Tout se bornerait à introduire un article ou quelque amendement dans une loi de douanes ou dans la loi annuelle des finances; travail d'une séance ou d'une demi-séance, toujours possible en temps utile, pourvu qu'il y eût 230 membres pour voter la mesure et pour la présenter au ministre parlementaire ou non-parlementaire, définitif ou intérimaire.

Alors nous ne verrions plus les intérêts économiques rester en souffrance des mois entiers parce qu'une crise politique sera venue à la traverse, et nous ne verrions plus les crises politiques avorter parce que les intérêts matériels auront pesé sur elles de tout le poids de leurs inquiétudes ou de leurs impatiences.

La route serait tracée, la mesure connue, l'instant prévu; pour avancer un jalon nouveau d'année en année, tout homme et toute situation vaudraient.

Si cela était, les intérêts une fois jugés s'apaiseraient forcément; quand ils verraient leurs cris inutiles, ils ne crieraient plus; leurs exagérations dévoilées, ils n'exagéreraient plus; leurs inimitiés sans fruit, ils cesseraient cette lutte déplorablement aigrie. Ils s'accoutumeraient à cette pensée qu'ils doivent attendre leur prospérité du travail, de l'industrie, des perfectionnements réguliers, du sage emploi des avantages naturels de positions économiques, et non plus des erreurs et des protections malheureuses d'un législateur qui, désormais, ne veut plus être séduit ni trompé.

L'émeute industrielle calmée, les sages, les habiles seconderaient l'impulsion qui pourrait être donnée par la législature, pensant bien qu'à ceux-là surtout seraient les bénéfices, qui s'y engageraient les premiers.

Un mauvais plan suivi par les Chambres ferait un mal moins général que l'absence de tout système; un plan médiocre guérirait bien des maux; et si la Chambre adoptait une ligne de conduite vraiment bonne et rationnelle, avant quinze ans nos embarras actuels seraient de l'histoire, une prospérité nouvelle se déploierait.

Si les Chambres continuent leurs hésitations funestes, si elles n'osent prendre un parti, si elles reculent par ennui d'examiner, si elles temporisent, qu'y aura-t-il dans quinze ans!

La temporisation, quelquefois utile en diplomatie politique, est toujours fatale dans les intérêts matériels; car les faits n'attendent pas, ils se pressent; et quand le temporisateur veut agir, il ne trouve plus les choses où il les a laissées, il faut qu'il tienne compte des faits.

Après tant de délais et tant de fautes, il y a maintenant nécessité pour les Chambres d'arriver, par une discussion sérieuse aujourd'hui ou plus tard, à déterminer enfin d'une manière nette le but vers lequel on doit marcher.

Je tâcherai, dans le travail qui va suivre, de compléter, d'expliquer par des faits et par des chiffres la démonstration de cette vérité de bon sens :

Que le mal pour le passé est venu surtout de l'absence de tout système, et que le seul remède pour l'avenir est d'arrêter aujourd'hui un plan de conduite.

J'essaierai d'entrevoir ce qu'il faudrait faire, et de montrer comment un premier pas ne serait point difficile.

Mes chiffres, on pourra les vérifier; ce ne sont point des chiffres de fantaisie, mais extraits des documents ciels, et principalement :

Notice statistique des colonies ;
États de commerce des colonies ;
Statistique générale de la France, territoire, population, commerce extérieur ;
Archives statistiques du ministère du commerce en 1835 ;
Tableau décennal des douanes ;
Tableau du commerce de la France en 1837, etc.

Mes raisonnements, on pourra les contester, non ma bonne foi : je ne suis fabricant ni colon, n'ai parents ni intérêts dans l'une ou l'autre industrie ; je ne suis l'avocat officiel ou officieux, flatté ni payé par la canne ou la betterave, mais seulement un de ceux aux convictions fortes, naïves si l'on veut ; un de ceux, qui croient « qu'on ne fait un peu de bien qu'en en voulant beaucoup. »

Les mesures que je demande ne satisferaient dès à présent ni l'une ni l'autre industrie, mais je les crois bonnes. J'ai de la justice pour les colonies, de la sympathie pour l'industrie indigène, mais point une sympathie aveugle. Je ne cherche à plaire aux uns ni aux autres ; je dirai ce qui me paraîtra vrai et juste.

QUESTION COLONIALE.

La question coloniale présente une double difficulté :

1° Abstraction faite de l'existence du sucre indigène, le système colonial produit des effets mauvais ; la situation commerciale des colonies présente des douleurs déclarées, des germes de douleurs nouvelles, et de graves dangers pas assez médités.

Je tâcherai d'entrevoir quels remèdes sont nécessités, seraient nécessités par cette situation, indépendamment de l'existence du sucre indigène.

2° J'examinerai séparément cet élément nouveau, je verrai ce qu'il apporte de complication dans la question coloniale. Ainsi donc, pour parler des colonies, je me soustrais d'abord à l'influence de toute sympathie pour l'industrie nouvelle. Ce que j'aurai trouvé de vrai restera vrai, soit que l'on tue ou que l'on protége les fabricants du nord.

Et si la fabrication indigène réclame telle mesure que demandait précisément la position propre des colonies, je pourrai la proposer plus impartialement et comme doublement nécessaire.

CHAPITRE Ier.

DU SYSTÈME COLONIAL.

Les colonies sont elles utiles :

1° Sous le rapport du commerce direct ? — Non.

2° Sous le rapport financier ? — Non.

3° Sous le rapport de la navigation marchande et de la marine militaire ? — Directement, non.

4° Sous le rapport politique ? — Oui.

§ I.

Le système colonial est une plaie pour notre prospérité commerciale. Il repose sur une double prohibition : en principe les colonies n'achètent qu'à la France, et ne peuvent vendre leurs produits qu'à la France, obligée de les acheter de préférence aux similaires étrangers.

Je me pose franchement dans le principe sagement appliqué d'une prudente liberté commerciale. Il n'entre point dans mon sujet de donner ici mes raisons; je rappellerai seulement deux vérités utiles à l'intelligence de la discussion qui va suivre.

1° Une nation ne peut régulièrement payer les produits qu'elle achète qu'avec ceux qu'elle vend. Refuser d'acheter d'une nation, c'est la mettre dans l'impossibilité de nous acheter à son tour. A part quelques situations anormales et quelques crises momentanées, les exportations d'une nation régulièrement assise sont toujours à peu près en proportion égale avec ses importations (1).

On ne vend que pour avoir—de l'argent, si l'on veut, mais pour employer cet argent à acheter des denrées autres que celles qu'on a vendues. Quand on achète beaucoup à l'étranger, on lui vend beaucoup; voilà le bénéfice nécessaire de la liberté commerciale. Restreindre son achat, c'est restreindre sa vente; alors pour quelques industries protégées, beaucoup sont arrêtées dans leur développement, et le consommateur paye tout plus cher : voilà le résultat des prohibitions commerciales.

2° Créer une industrie factice, obliger le consommateur à payer 10 à un producteur indigène ce qu'il payait 5 au producteur étranger, cela s'est appelé pendant longtemps faire un acte national, affranchir son pays d'un tribut payé à l'étranger.

Cependant lorsqu'il payait ce tribut, le consommateur avait pour 5 sous ce qu'il lui fallait de la denrée, et il lui restait 5 autres sous pour satisfaire à d'autres

---

(1) Ainsi, en 1838, commerce spécial, la France a importé 657 millions de valeur, et a exporté 658 millions.

besoins ; vous aurez beau lui dire qu'il doit se trouver heureux, que vous l'avez affranchi d'un tribut, en fait il n'en sentira rien, et s'il calcule il n'en croira rien.

Acheter de n'importe qui, mais au meilleur marché, voilà la théorie de ce consommateur qui en définitive est tout le monde.

L'en empêcher, de quelques beaux noms qu'on voile la chose, c'est mettre impôt sur sa bourse, un impôt lourd sur la bourse de tous, au très-petit profit de quelques-uns.

Dans les principes de l'économie politique pure, les systèmes protecteurs sont mauvais. L'économie politique appliquée reconnaît deux exceptions en faveur de telle industrie qui peut être jugée nécessaire à la défense du pays, ou lorsqu'il s'agit d'une industrie nouvelle, que nous avons la certitude d'amener à bien sur notre sol, et dont il faut seulement appuyer les premiers pas.

Ces idées générales posées, apprécions le système colonial qui n'est qu'une recrudescence des systèmes protecteurs.

Rappelons en commençant ce principe, qu'il faut admettre comme vrai pour les colonies de même que pour tous les pays étrangers : tout l'avantage du commerce fait avec elles résulte de ce qu'on en reçoit, non de ce qu'on y envoie.

Si, quand nous envoyons aux colonies une valeur de 4, elles nous rendent une valeur de 2, il est clair que nous y perdons, et que plus nous enverrons plus nous perdrons. Ne nous laissons point éblouir par la masse de nos exportations aux colonies ; examinons la réalité.

Abstraction faite de ce qu'elles nous enverront en échange, nous n'avons aucun avantage à vendre aux colonies. S'il s'agissait d'une compagnie privilégiée, ayant le monopole du commerce de la colonie, et l'obligeant à prendre ses produits à un prix élevé qu'elle fixerait elle-même, elle pourrait en retirer un bénéfice certain ; mais le commerce colonial est ouvert à tous nos marchands à l'exclusion seulement des marchands étrangers ; la même concurrence de tous les marchands français qui réduit les prix sur le marché intérieur, agit donc aussi pour les réduire sur le marché colonial. Le marchand ne vend pas plus cher au colon qu'à l'indigène ; il ne retire donc aucun gros bénéfice de son commerce avec le colon, mais seulement le bénéfice ordinaire du commerce.

Mais, dit-on, les colonies fournissent un débouché nécessaire à la métropole ? Cela n'est vrai que relativement ; pour certaines productions que rien d'ailleurs ne nous oblige à faire, oui ; pour la métropole en général, non.

Pour produire ces 50 millions que nous leur envoyons, il faut l'emploi d'un capital, disons de 1 milliard ; supposons l'anéantissement des colonies, nous n'avons plus le débouché de ces 50 millions, nous cessons de les produire ; mais notre milliard ne restera point enfoui dans les caves, il se répandra sur d'autres industries qui ont besoin de capitaux, qui en demandent partout avec instance, qui, fécondées par ce milliard, prendront un élan rapide, et pourront dès lors satisfaire à l'intérieur une foule de besoins aujourd'hui non satisfaits, et qui désormais, produisant à meilleur marché qu'alors qu'elles manquaient de capitaux ou n'en trouvaient qu'à un taux excessif, pourront aussi dès lors, vu ce bon marché, faire à l'étranger des placements qu'elles ne font point aujourd'hui.

De 1822 à 1827, nous avons prêté aux colons, pour étendre leurs cultures, 75 ou 80 millions, et cela n'a guère profité aux colons, qui n'ont point rendu et qui crient misère.

Si ces 80 millions avaient été employés à féconder l'agriculture française, à défricher nos landes, à dessécher nos marais, à créer partout les prairies artificielles et les récoltes sarclées, à utiliser les ruisseaux pour l'arrosage des terres, etc......, assurément nous eussions pu atteindre un plus grand développement de prospérité générale.

Ainsi, de ce que nous envoyons aux colonies, nous ne tirons aucun bénéfice particulier pour la masse nationale, aucun bénéfice que nous ne pourrions retirer aussi bien ou mieux d'ailleurs.

Si le colon dit à quelque manufacturier d'articles de modes ou d'autres choses : Je vous achète pour 50 millions de vos produits, ce manufacturier lui serre la main et le courtise comme une bonne pratique; mais si le colon dit à la France : Vous êtes bien heureuse que je sois là pour vous acheter vos 50 millions de marchandises, la France, en vérité, peut répondre qu'elle n'y tient guère.

Je n'ai examiné la question que sous le point de vue de nos envois aux colonies; examinons ce qu'elles nous donnent en paiement.

Si les colonies nous fournissent leurs produits à meilleur marché que ne les fournirait l'étranger, si, ne pouvant les vendre qu'à nous, elles sont obligées, n'ayant point la concurrence des acheteurs, de maintenir pour nous ce bon marché, nous aurons peut-être profit, car il pourra se faire qu'elles payeront une valeur de 4 que nous leur aurons fournie par une valeur de 5 qu'elles nous enverront.

Mais si, au contraire, nous sommes obligés de payer leurs produits bien plus chèrement que nous ne les paierions à l'étranger, il en résultera qu'en réalité elles nous payeront une valeur de 4 en nous envoyant en échange une valeur de 3, une valeur que nous aurions eue pour 3 à l'étranger. Il est clair que nous y perdrons.

Supposons qu'améliorant leurs cultures elles viennent à produire à meilleur marché que l'étranger, nous n'en profiterons point; elles sont bien obligées de nous envoyer leurs produits; mais les acquéreurs de la métropole pouvant les revendre à l'étranger, les colons eux-mêmes, après les avoir fait débarquer dans nos ports, pouvant les faire transiter, ou même en faisant simplement escale au Havre ou à Marseille, pouvant les adresser directement à l'étranger, et, en réalité, vendant, faisant transiter et réexportant dès qu'une hausse à l'étranger et une baisse chez nous leur en offre la possibilité, il en résulte qu'à part quelques gênes de navigation, la concurrence des acheteurs pour les colons rétablit chez nous le prix au niveau de ce qu'il est à l'étranger.

Ainsi que la chance soit ruineuse, nous en portons la folle enchère; qu'elle soit profitable, nous n'en retirons point le profit.

Donc : A vendre aux colonies nous n'avons rien à gagner; à leur acheter nous pouvons perdre, mais nous ne pouvons rien gagner.

Importations et exportations, voilà le résultat net de notre commerce avec nos colonies ; et si les chiffres sont gros, cela fait de plus graves difficultés et une multiplication de mauvaises chances.

Pendant que nous nous plaignons, les colons aussi se plaignent que nous leur imposons le monopole de nos produits. Ainsi tout le monde se plaint du système colonial. Je ne puis mieux résumer cette partie de ma discussion qu'en citant ces paroles prononcées par M. Cunin-Gridaine en 1833 (1).

« Le colon qui n'a qu'un vendeur paye plus cher ce qu'on lui vend ; le métropolitain qui se prive de la concurrence des vendeurs paye aussi plus cher ce qu'on lui vend; et comme acheteurs et vendeurs, colons et indigènes sont français également, il n'y a là aucun bénéfice pour le pays considéré comme corps homogène. »

Le système colonial est donc pour tout le monde une déception et une fausseté. Abstraction faite des situations actuelles, des mesures de transition, des quelques réserves commandées par des raisons politiques, je voudrais donc délivrer la France de l'obligation d'acheter aux colonies, et permettre aux colonies d'acheter ce dont elles auraient besoin de toute nation, comme aussi de vendre leurs produits à toute nation qui voudrait les acheter.

La métropole y gagnerait. Dans l'avenir aussi les colons y gagneraient, mais d'ici longtemps les malheureux colons ne seraient point en état de supporter ce

(1) Séance du 19 mars 1833.

grand jour. Ils seraient tués. M. Mauguin le déclarait bien formellement en 1833 (1). Cette vérité d'ailleurs trouvera sa démonstration dans les faits.

Lorsque les colonies demandent la liberté commerciale pour l'avenir je les crois sincères; mais si les colonies ont paru quelquefois demander la liberté commerciale immédiate, elles ont cédé à un vertige de mauvaise humeur; elles mettaient promptement des restrictions; elles criaient fort parce qu'elles savaient qu'on donnerait peu.

Si nous leur accordions cette liberté subite, après la faillite certaine des fameux 60 ou 80 millions, elles viendraient nous demander l'aumône, et nous serions encore obligés de payer les frais de leurs funérailles.

Tendance à l'affranchissement commercial tempérée par de sages mesures de transition, voilà ma doctrine. Elle enlève tout d'abord aux partisans du système colonial leur plus sonore argument, celui du débouché des 50 millions.

Puisqu'il est convenu que tout le monde perd, examinons la situation des colonies; descendons dans les faits, voyons qui perd le plus d'elles ou de nous, qui aurait le plus raison de se plaindre. Voyons, chiffres sous les yeux, ce que nous leur volons et ce que nous nous laissons légalement voler par elles.

Sous la Restauration les colonies disaient : Protégez-nous; nous deviendrons prospères et nous serons pour vous une source de prospérités; nous les avons proté-

(1) Séance du 20 mars 1833. Voir les paroles de M. Mauguin citées en note au bas de la page 44.

gées par une surtaxe de 55 fr. pour 100 k. sur le sucre étranger, et, de plus, par l'absurde loi sur les primes, dont le résultat définitif était que le trésor payait beaucoup les colons, pour que les colons eussent grand profit à beaucoup vendre à perte à l'étranger.

Qu'est-il résulté de cette législation? « La France, disait en 1833 M. Passy, la France en bannissant les sucres étrangers obligea le consommateur à payer le sucre plus cher, restreignit la sphère de ses transactions mercantiles, renonça à un accroissement infaillible de revenus et imprima à la production des colonies une impulsion artificielle et forcée (1). »

Au premier moment les producteurs coloniaux gagnèrent. Bientôt les capitalistes, portant leurs fonds sur l'industrie privilégiée, rétablirent par la concurrence le taux ordinaire des profits, sinon pour tous, du moins pour la plus grande masse des planteurs. Les colons ont bien soin de remarquer que la moyenne du revenu net de leurs terres n'a pas augmenté.

Dénués de capitaux, les planteurs, jaloux d'exploiter la bonne législation, empruntèrent aux négociants des ports 75 ou 80 millions. Ils forcèrent leurs cultures, défrichèrent des terrains de qualité médiocre, prodiguèrent le travail et les engrais à des terrains épuisés. Il en résulta qu'ils produisirent beaucoup, mais aussi beaucoup plus chèrement que l'étranger. Plus on les protégea, plus ils eurent besoin de protection.

Ils n'ont pu rendre qu'une faible partie de tant de millions empruntés; ils restent grevés des intérêts, et le capital est engagé dans une culture et une in-

(1) Rapport de la loi sur les primes.

dustrie en décadence, dont la vie dépend d'un article de loi, d'un caprice du législateur.

Et, pendant cette période des onze ans de protection exagérée, le consommateur payait son sucre en moyenne 35 et 40 fr. plus cher les 100 k. que n'était coté le sucre étranger.

Et le trésor aussi perdait en se privant de l'impôt qu'il eût pu percevoir sur le sucre étranger, et sur un accroissement de consommation qu'eût amené la baisse naturelle des prix. Il perdait encore par la prime et par une contrebande énorme qui se faisait ouvertement aux Pyrénées et sur toutes les frontières de l'Est.

De toutes parts inconvénients et dommages. Tâchons d'apprécier en chiffres quelques-uns de ces dommages commerciaux : cherchons qui perdait le plus, des colons ou de nous.

En 1822, le gouvernement offrit aux colons 44 fr. de droit protecteur sur le sucre étranger. Ils établirent leur prix de revient à plus de 44 fr. plus cher par 100 k. que le sucre étranger; en conséquence, la Chambre donna une protection de 55 fr. qui a duré jusqu'en 1833. Les différences de prix en entrepôt, entre le sucre français et le sucre étranger, ayant, à diverses reprises, atteint 25 et 27 fr. par 50 k., l'expérience a prouvé que la surtaxe de 55 fr. avait été nécessaire pour exclure le sucre étranger.

Ainsi, à telle époque, vers la fin de la Restauration, le sucre de nos colonies valait au Havre 55 fr. les 50 k. droits non acquittés, et dans le même temps les sucres du Brésil et de l'Inde étaient cotés à 28 fr., c'est-à-dire 27 fr. de moins par 50 k.

M. Cunin-Gridaine, en 1833, établissant sur ces

chiffres un raisonnement resté sans réplique, prouvait comment le monopole des sucres coloniaux avait fait perdre aux consommateurs français une somme annuelle de 43,200,000 fr., ou simultanément aux consommateurs la jouissance de 43,000,000 de k. de sucre de plus pour le même prix, et au trésor un droit de 21,000,000 fr.

Je n'ai pu vérifier les chiffres bases du calcul, mais produits devant les Chambres et point contestés; ils doivent mériter toute créance.

Prenons, au reste, une époque plus rapprochée, des chiffres plus favorables aux colons, plus faciles à vérifier.

En 1833, on pensait à réduire à 33 fr. la surtaxe sur les sucres étrangers; les colons réclamèrent. Il fut prouvé qu'en 1832, tandis que nos sucres valaient en entrepôt 80,50 à 82 fr. les 100 k. droits non acquittés (1), on cotait ceux de la Havane à 49 fr. 15; ceux de Benarès, Manille, Chine et Siam à 37 fr. 77, ceux du Brésil et du Bengale à 36 fr. 52, c'est-à-dire que les sucres du Brésil et du Bengale étaient offerts à 43 fr. 98. de moins par 100 kil. que nos coloniaux; ceux de Benarès, Manille, Chine et Siam à 42 fr. 73 de moins; ceux de la Havane à 31 fr. 35 c. de moins. Dans ces circonstances, la surtaxe fut abaissée de 55 à 44 fr. seulement, taux nécessaire pour garantir les colons de la concurrence étrangère.

(1) Et à cette époque, il y avait une baisse considérable sur le sucres français, par suite de la crise qui suivit la révolution de juillet. Bientôt le sucre remonta. Le cours moyen de l'année 1833 fut environ 138 fr. les 100 kil., droits acquittés, ou 88 fr. 50, droits non acquittés.

Développons sur ces chiffres de 1832 (1) le raisonnement d M. Cunin-Gridaine. Achetant 80,000,000 de kil. à 80 fr. 50 c. plus bas prix en entrepôt, soit 130 fr. droits acquittés, tandis que nous eussions reçu de l'étranger les mêmes 80,000,000 de kil. à raison de 86 fr. les 100 kil., droit égal de 49 fr. 50 acquitté, nous payons alors en réalité 104,000,000 le sucre que nous eussions eu de l'étranger pour 68,800,000 fr. : perte nette 35,200,000.

Mais dire que nous consommons 80,000,000 de kil. à 130 fr., cela revient à dire que l'aisance est telle en France que nous pouvons dépenser en sucre 104,000,000 de fr. Pour ce prix nous aurions eu de l'étranger, au lieu de 80 millions, 120 millions de kil. de sucre à consommer. Ainsi nous consentions à recevoir de moins, des colons, 40,000,000 de kil. de sucre que nous aurions eu droit de leur demander, qu'à égale taxe de 49 fr. 50 c. les étrangers nous auraient fournis, et sur lesquels le trésor eût perçu en accroissement de recettes 19,800,000 fr.

Ainsi nous perdions 40,000,000 de kil. pour nos jouissances, et le gouvernement 19,800,000 fr. d'impôt.

Arrivons à une époque plus récente. En 1837, le gouvernement proposait d'abaisser à 15 fr. la surtaxe sur les sucres étrangers ; les délégués des colonies parurent s'en contenter. Apprécions cette situation :

(1) Si on trouvait trop élevé ce chiffre de 44, base de nos calculs, parce que des différences de qualité auraient compensé pour partie les différences de prix ; nous dirions qu'il nous importe peu de voir diminuer notre résultat de quelques millions : la somme qui resterait serait toujours assez forte pour justifier nos raisonnements.

N'y avait-il plus en moyenne que 15 fr. de différence entre le prix de revient des colonies et celui de l'étranger? Si cela était régulièrement arrivé par le progrès naturel des cultures et des fabrications, il en faudrait féliciter les colonies.

Et en effet, tout d'un coup nos sucres coloniaux ne se trouvèrent pas beaucoup plus chers que le sucre étranger, tellement que nous pûmes vendre à l'étranger quelques millions de notre brut colonial. Mais cela était arrivé par deux causes :

1° Hausse subite du sucre étranger produite par les circonstances suivantes :

Diminution de récolte à la Jamaïque par suite des troubles de cette île ;

Diminution de récolte à la Havane par suite de sécheresse ;

Mauvaise récolte à la Louisiane ;

Récolte de Porto-Rico dévastée par un coup de vent.

2° Baisse de notre sucre

Par suite des progrès que les colons abandonnés à eux-mêmes n'auraient pas faits, et que la concurrence de la betterave les obligeait à faire ;

Par l'emploi de procédés que les colons n'avaient pas inventés, mais que les fabricants indigènes avaient inventés pour eux-mêmes et dont les colons profitaient, enfin précisément par suite de l'active concurrence du sucre de betterave.

Hausse d'une part, baisse de l'autre ; alors une surtaxe de 15 fr. put être déclarée suffire.

Mais la situation n'était point normale. Dès 1837 les sucres étrangers ont un peu baissé.

Fin de 1836, le Porto-Rico se vendait à Londres

36 fr. 50 les 50 k., et dès mai 1837 il était retombé à 25 fr. Pour protéger ses Antilles contre l'Inde qui produit à si bon marché, l'Angleterre avait restreint sa production dans l'Inde en la grevant de surtaxes. Pour compenser la diminution de production de la Jamaïque et autres Antilles Anglaises, elle a depuis lors levé la surtaxe des sucres de l'Inde, et la culture encouragée s'y peut largement étendre sur une terre féconde.

Au moment où la hausse des sucres étrangers se faisait sentir, nos colonies disaient ne pouvoir vendre à moins de 25 fr. pris sur place les 50 k. offerts à 15 fr. par la plupart des producteurs étrangers.

Il est donc évident qu'une surtaxe de 15 fr. par 100 k. ne suffisait point aux colonies en 1837; et cela est si vrai que M. Duchâtel n'accordait aux colonies le dégrèvement de 22 fr. que dans l'espoir de couvrir les pertes du trésor par l'admission, grâce à l'abaissement de la surtaxe, d'une forte quantité de sucre étranger.

Si les colons paraissaient se contenter de cette surtaxe de 15 fr., c'est d'abord qu'ils consentiraient volontiers, au prix de sacrifices actuels, à une mesure qui les délivrerait du sucre de betterave, dans l'espérance d'être ensuite protégés plus tard contre le sucre étranger.

D'ailleurs j'ai dit que les colons ne faisaient que paraître se contenter de cette surtaxe : en fait, ils voulaient davantage.

La commission de la Chambre, voyant, d'après les cours sur les différentes places, qu'une surtaxe de 22 fr. serait matériellement impuissante à les protéger, demanda des explications aux délégués. Les délégués dirent, et M. de Jabrun écrivit, qu'ils avaient bien accepté la surtaxe de 15 fr., mais moyennant l'établissement du drawback uniforme à l'exportation après raffinage des sucres français ou étrangers.

Si les calculs des délégués étaient justes, c'était admettre sous une forme la concurrence étrangère et la repousser sous une autre; et M. de Jabrun exposa formellement, avec cette franchise et cette loyauté dont il a toujours fait preuve dans ses relations avec les commissions des Chambres, que si on laissait pour seule protection la surtaxe, il voulait au moins celle de 25 fr. avec le décime 27 fr. 50. La commission proposa celle de 22 fr., laissant au gouvernement la faculté de l'augmenter par ordonnance. La Chambre, la jugeant insuffisante, ou, détournée par d'autres vues, maintint la surtaxe de 44 fr.

Ainsi donc après enquête officielle, il fut reconnu qu'en 1837 il y avait encore une différence moyenne de prix d'environ 20 fr. par 100 kil. entre nos sucres et la plupart des sucres étrangers.

Or, achetant alors aux colonies 80,000,000 kil. de sucre à 125 fr. 50 les 100 kil., droits acquittés prix du Havre fin 1837, tandis que nous aurions reçu de l'étranger les mêmes 80,000,000 kil. à raison de 20 fr. de moins par 100 kil., nous payions 100,400,000 le sucre que nous aurions eu de l'étranger pour 84,400,000 fr.; perte nette pour nous, 16,000,000 fr. Pour les 100,400,000 que nous dépensions en sucre, nous eussions eu à l'étranger 95,165,000 k. c'est-à-dire 15,165,000 kil. de plus, sur lesquels l'État eût perçu 7,500,000 fr. à droit égal de 49 fr. 50 c. sans surtaxe.

Ainsi encore en 1837 nous perdions avec le même

deboursé plus de 15,000,000 kil. pour nos jouissances, et l'État plus de 7,000,000 fr. d'impôt.

Depuis 1837, par suite de la concurrence du sucre indigène, le prix de nos sucres coloniaux a encore baissé, le prix du sucre étranger restant stationnaire. Aujourd'hui le prix des sucres de nos Antilles paraît ne point excéder en moyenne le prix du sucre étranger de plus de 3 à 5 fr. par 50 k.

L'exposé de motifs du projet soumis aux Chambres noterait cette différence à 1 fr. Mais remarquons que cette différence est prise sur les cours d'un seul jour au Havre, et sur les sucres d'un seul pays. Il faudrait l'établir sur un certain ensemble de ventes aux divers entrepôts de France et dans quelques entrepôts étrangers, et je doute fort que les colons voulussent se contenter d'une surtaxe de 4 ou 5 fr. par 100 k., qui serait pourtant suffisante pour les protéger si la différence normale de leur prix et du prix étranger ne se trouvait réellement que de 2 fr. par 100 k., comme le donnerait à penser l'exposé de motifs.

Quoi qu'il en soit, il serait facile d'établir encore aujourd'hui, pour nous consommateurs, une perte notable, une perte notable aussi pour le trésor.

Mais il faut insister sur un point : c'est que la différence n'est si petite entre les prix des sucres français et étrangers que parce que nos colonies vendent leur sucre avec un minimum de bénéfices, à perte s'il faut les en croire. Aussitôt le dégrèvement obtenu, elles seront amenées pour ne plus perdre à augmenter leurs prix en entrepôt, sans quoi le dégrèvement leur serait inutile.

Le prix du sucre étranger ne peut au contraire que baisser, 1° à mesure que la production, se développant dans l'Inde, compensera les déficits de production de la Jamaïque et autres îles; 2° à mesure que les producteurs étrangers des îles espagnoles et du Brésil, qui aujourd'hui tirent presque sans travail de grands produits d'un sol fécond, rencontrant en Allemagne, en Russie, par toute l'Europe enfin, la concurrence de la betterave, seront obligés, pour rivaliser, de demander aux progrès de l'industrie l'abaissement nécessaire de leur prix de revient.

Ainsi, baisse nécessaire à l'avenir sur les sucres étrangers, hausse immédiate du sucre colonial français après l'obtention du dégrèvement: voilà quelles conditions vont bientôt rétablir à un chiffre élevé la différence de prix des deux sucres, par conséquent la nécessité de la protection et par suite la perte annuelle incontestable, pour le consommateur français, de 15 à 20 millions de francs, ou, avec les mêmes déboursés, de 15 à 20 millions de k. de sucre, et, pour le trésor, de 8 à 10 millions de droits.

Pertes énormes sous la Restauration, et jusqu'en 1833;

Pertes considérables en 1837;

Pertes notables encore aujourd'hui;

Pertes en voie d'augmentation indéfinie après l'obtention du dégrèvement:

Voilà ce que nous valent les colonies pour le seul commerce de leur sucre.

On pourrait m'objecter ici que mes raisonnements, qui vaudraient contre les colonies à l'égard de l'étranger, ne valent pas contre les colonies à l'égard du sucre indigène.

A cela je réponds qu'en ce moment je ne m'occupe point de la betterave; qu'il ne s'agit point de savoir si je puis faire avec un autre producteur un commerce plus ruineux que le commerce colonial, mais bien de savoir si je pourrais faire ailleurs un commerce plus avantageux.

Il s'agit de constater seulement les bénéfices de ce commerce colonial, si profitable pour nous, au dire de quelques-uns, qu'apparemment nulle part ailleurs nous ne pourrions le remplacer. Il s'agit d'apprécier ce que les colonies nous coûtent et ce que par les tarifs elles nous volent légalement.

Les autres branches du commerce colonial sont moins importantes. Elles nous font cependant subir encore des pertes notables qu'il me suffira maintenant d'indiquer rapidement sans en discuter le détail.

Les cafés de nos Antilles payent 60 fr. de droit, les cafés des Antilles étrangères et autres pays d'Amérique 95 fr.; surtaxe protectrice de 35 fr., à peine suffisante pour encourager nos colons, qui ne nous livrent, année commune, que 2 millions k. quand les étrangers nous en vendent 11.

Or, si nous achetions tout notre café à l'étranger pour le prix actuel et avec les droits actuels de 95 fr. sur les cafés étrangers, les 2 millions pris au colonies au lieu de 60 fr. payant 95 fr. sans que le consommateur y perde rien, le trésor percevrait 700,000 fr. de plus.

Et si au lieu de considérer le trésor nous considérons le consommateur, si nous effaçons cette surtaxe protectrice de 35 fr., en achetant tout notre café à l'étranger nous aurions nos mêmes 13,000,000 k. de café en déboursant 4,550,000 fr. de moins, ou bien nous dépenserions en café la même somme, mais au lieu de 13,000,000 kil, nous en aurions pour le même prix 15 ou 16,000,000.

Je pourrais encore longtemps continuer le même raisonnement toujours vrai.

Les colonies sont protégées pour les cacaos : elles payent 40 fr., les étrangers 55 fr.

Protégées pour les cotons : elles payent 5 fr. là où le coton étranger paye 20.

Protégées pour les poivres et piments : elles payent 10 fr. par 100 k., le poivre étranger 80 fr., les piments 90 fr.

Protégées pour la cannelle : elles payent 65 fr. les 100 kil., les cannelles de l'Inde payent 100 fr., celles d'Amérique 200 fr.

Protégées pour les girofles : elles payent 50 et 60 fr. les 100 kil. et les girofles étrangers payent, 100 fr. ceux de l'Inde, 180 fr. ceux d'Amérique.

Protégées pour les muscades : elles payent 100 fr. par 100 kil., les muscades de l'Inde payent 150 fr., celles d'Amérique 250 fr.

Protégées pour le rocou : elles payent 7 fr. 50 c. les 100 kil., le rocou étranger 15 fr.

Ainsi toutes les denrées de nos colonies sont protégées et ont besoin de cette protection.

Elles produisent tout plus chèrement que l'étranger; nous sommes obligés de leur acheter tout plus chèrement que nous ne l'achèterions à l'étranger, de leur faire sur tout des remises de portions d'impôt que le trésor ne perçoit point sur elles et qu'il percevrait si, n'ayant point de colonies, nous achetions ces denrées à l'étranger.

Je ne veux pas entasser les chiffres de détail, on peut se faire une idée de l'ensemble; et quand les colonies nous disent qu'elles ne nous coûtent rien, elles se trompent : ce qu'elles ne tirent pas de France par l'intermédiaire du trésor et des payeurs des finances, elles le tirent directement de la poche du consommateur, et, en définitive, sous une forme ou l'autre c'est toujours la France qui paye.

Et c'était sous la Restauration, et jusqu'en 1833, par quarantaine et cinquantaine de millions, en 1837 par quinzaine et vingtaine de millions, aujourd'hui par 8 et 15 millions, et si nous tuons le sucre indigène en maintenant le régime colonial, nous reviendrons vite aux 30 et 40 millions, et indéfiniment.

Comprend-on maintenant ce que valent pour nous les colonies, ce que nous perdrions à leur abandon ?

Elles, au contraire, produisant tout plus chèrement que l'étranger, ne trouveraient point à vendre à l'étranger : et que deviendraient alors les colons, non-seulement les producteurs de sucre, mais les producteurs des autres denrées coloniales (1) ?

---

(1) En 1833, séance du 20 mars, M. Mauguin, si grand ami des colons, et leur délégué pendant plusieurs années, s'exprimait ainsi :

« Que faut-il donc faire pour que le colon ne soit pas ruiné ? Le colon nous sera toujours attaché, parce qu'*il ne peut vivre que par la France*. Il ne peut même, en cas de guerre, se donner à une autre puissance. La capture par

Les colonies répondent : Si nous produisons chèrement, c'est que vous nous obligez à vous acheter tout ce dont nous avons besoin, nos outils, nos vêtements et notre nourriture, toutes choses que l'étranger nous fournirait à moindre prix.

Par cet argument les colonies se défendent, car il en résulterait que c'est nous qui les obligeons à produire si chèrement;

Elles attaquent, car elles nous reprochent de les voler par nos tarifs autant qu'elles nous volent;

Elles nous effrayent par la menace habituelle de nous faire perdre ce débouché de 50 à 60 millions.

Essayons de répondre à ces observations :

I. Tandis que, à part quelques insignifiantes valeurs de sirops et de mélasses dont elles trouvent le débit à l'étranger, nous achetons scrupuleusement au-dessus du cours tout ce que produisent les colonies, nous leur laissons la liberté de tirer de l'étranger grand nombre de choses qu'à la rigueur nous pourrions leur fournir.

La Martinique et la Guadeloupe, d'après l'ordonnance de 1826, maximum de l'exclusif, peuvent encore acheter à l'étranger des animaux vivants, sous

---

l'Angleterre *serait la ruine des colonies françaises*. C'est à nous de les défendre militairement et commercialement. Je le répète : comment faut-il faire pour que les colons ne soient pas ruinés? c'est de chercher à augmenter la consommation........ Pour faciliter la consommation, que faut-il faire? diminuer le prix de la denrée ; et comme il n'est pas en nous de *diminuer les frais de production*, il faut diminuer les droits levés par le trésor. »

un droit de 10 p. 100 de la valeur, du bœuf salé sous un droit de 15 fr. par 100 kil., et sous de simples droits de 2 à 7 fr. par hectolitre, par 100 kil. ou par 100 fr. de valeur les objets suivants : légumes secs, morue et autres poissons salés, maïs, riz, sel, tabac, bois de toute sorte autre que le feuillard, brai, goudron et autres résineux, charbons de terre, cuirs verts, fourrages verts et secs, fruits de table, graines potagères, etc.

La Martinique et la Guadeloupe peuvent encore importer de l'étranger sous un simple droit de 5 c. par 100 kil. une série de 39 objets compris au tableau n° 2 de l'ordonnance, la plupart il est vrai destinés à la réexportation, mais dont un certain nombre utiles aux colonies peuvent d'ailleurs y rester, et, par exemple : cuivre, étain, plomb, bruts, peaux brutes, graisses, cires, etc., légumes verts.....

Et remarquons-le, ces deux colonies sont mieux traitées pour beaucoup de ces objets que le consommateur français ; ainsi, par exemple, nous payons pour l'introduction des animaux vivants des droits variables selon les espèces, mais généralement supérieurs à 10 pour 100 de la valeur.

Sur les houilles étrangères, les deux colonies payent 4 pour 100 de la valeur, et nous, sur les côtes de l'Océan, des sables d'Olonnes à Dunkerque, nous payons à l'importation des houilles étrangères, pour un hectolitre, 50 c. par navires français, 1 fr. par navires étrangers, c'est-à-dire plus de 33 et de 66 pour 100 de la valeur.

Les colonies payent 5 fr. pour 100 kil. de sel, et nous 30 fr. ; 5 c. par 100 kil. sur les poivres des contrées voisines (1), et nous 80 fr. sur les poivres des mêmes contrées.

En résumé la Martinique importe (2) :

De France 15,068,436 fr., et déduction faite de 1,646,427 qui n'ont fait que transiter. . . . . 13,422,009 f.

D'ailleurs	des colonies françaises (3). . . 1,896,856	et déduction faite de 199,387 fr. de morues provenant de nos pêcheries, et qui n'ont fait que transiter.	1,697,469	3,900,787 f.
	de l'étranger 2,418,306	et déduction faite de 214,988 fr. qui n'ont fait que transiter.	2,203,318	

La Guadeloupe importe :

De France : 19,944,707 fr. et déduction faite de 1,726,276 qui n'ont fait que transiter. . . . . 18,218,431 f.

D'ailleurs	des colonies françaises. . . . 1,679,431	et déduction faite de 351,515 fr. de morues des pêcheries françaises qui n'ont fait que transiter.	1,327,916	3,948,606 f.
	de l'étranger. 2,736,975	et déduction faite de 116,285 fr. qui n'ont fait que transiter.	2,620,690	

(1) La Guyane et Bourbon produisent le poivre, mais non la Martinique et la Guadeloupe, qui tirent de l'étranger ce qu'il leur en faut.

(2) Ces chiffres, et ceux de même nature qui vont suivre, sont tirés des états de commerce des colonies françaises pour 1836.

(3) Je ne confonds point avec les importations de la métropole celles provenant d'autres colonies ; car il faut avoir le chiffre séparé de ce que fournit la France à la consommation coloniale, afin de vérifier s'il est bien vrai que les colonies ouvrent à la production métropolitaine un débouché de 50 ou 60,000,000 fr.

Remarquons 1° qu'une partie des objets importés de France aux colonies, en dehors des réexportations constatées par la douane, peuvent s'écouler par des ventes en détail aux îles ou contrées voisines, licitement sans doute, mais sans constatation officielle.

Le chiffre des consommations faites par la colonie est donc inférieur au chiffre des importations constatées.

2° En réalité les importations de l'étranger sont au contraire bien supérieures aux chiffres officiels. Aux importations constatées il faudrait pouvoir ajouter celles de la contrebande.

Nous trouvons dans les procès-verbaux de la chambre commerciale du Hâvre, en 1829, cette déclaration :

« A moins de fermer les yeux à la lumière, on ne peut pas se dissimuler qu'une fraude qu'on n'a jamais voulu réprimer sérieusement, et qui paraît innée dans ces contrées lointaines, n'y fasse entrer toujours et depuis longtemps les marchandises de tous les pays...... et comme par dix raisons pour une la fraude est indestructible dans nos colonies, le tort continuera d'exister en dépit de toutes les précautions, au mépris de tous les règlements. »

En résumé donc sur ce point, licitement ou illicitement les colonies achètent et peuvent acheter à l'étranger beaucoup de leurs objets de consommation.

Je n'ai point besoin de m'appesantir sur le régime commercial de Cayenne, port à peu près libre, ouvert à tous pavillons, recevant des marchandises de toutes nations sauf quelques réserves peu étendues, payant sur la plupart des produits étrangers des droits bien inférieurs à ceux perçus en France sur les mêmes produits, ne demandant guère à la France que ce qu'il n'aurait point ailleurs à meilleur marché.

La Guyane importe :

De France : 2,675,162 fr., et déduction faite de 186,031 fr. provenant de l'importation. . . . . 2,489,131 f.

D'ailleurs	des colonies françaises.	18,004	548,221 f.
	de l'étranger 569,353 fr., et déduction faite de 39,136 fr. qui n'ont fait que transiter.	530,217	

Bien qu'elle ait de plus grandes franchises que la Martinique et la Guadeloupe, la Guyane tire encore de France la plus grande partie de ses importations, ce qui prouve que nos importations ne diminueraient point aux colonies dans la proportion précise d'un accroissement de liberté commerciale. Remarquons cependant qu'ici surtout nous n'avons point le chiffre exact des importations de l'étranger, dont une grande partie vient par contrebande, plus facile à la Guyane, territoire continental, vastes côtes et port libre.

Je ne dirai que deux mots également du régime de Bourbon. L'exclusif commercial y est largement mitigé ; Bourbon ne vient point chez nous prendre beaucoup de choses qu'elle pût trouver ailleurs à conditions plus favorables.

Bourbon importe :

De France : 7,170,459 fr., et déduction faite de 461,422 fr. qui n'ont fait que transiter. . . . . 6,709,037 fr.

D'ailleurs	des colonies françaises, 2,133,481	et déduction faite de 509,284 fr. qui n'ont fait que transiter.	1,624,197	5,412,466 fr.
	de l'étranger. . . . 3,961,541	et déduction faite de 173,272 fr. qui n'ont fait que transiter.	3,788,269	

En total, la somme des importations de France aux colonies monte à environ 41 millions, chiffre assez inférieur aux 50 et 60 millions prétendus par les colonies.

II. Quant aux objets dont nous nous sommes réservé la fourniture aux colonies exclusivement (sauf contrebande), il faut remarquer qu'il en est un grand nombre que nous pouvons leur livrer à d'aussi bonnes ou meilleures conditions que l'étranger, les autres à des conditions très-peu plus onéreuses.

Si, par exemple, nous vendons aux colonies nos tissus de laine et de lin plus chèrement que l'étranger, nous leur vendons à meilleur marché nos tissus de soie, et à pas beaucoup plus cher nos tissus de coton. Une simple observation me dispensera d'entrer à cet égard dans aucun détail.

Nous vendons à l'étranger chaque année pour 65 millions de francs de tissus de coton de toutes sortes, et pour 140 millions de francs de soieries; nous vendons notamment à l'Angleterre pour 15 millions de soieries, bien qu'elle protége ses fabriques contre les nôtres par un droit de 50 pour 100. Tout cela prouve qu'à libre concurrence, l'étranger, et par conséquent les colonies, peuvent trouver profit à nous acheter ces objets.

J'en dirai autant pour les objets suivants : nous vendons annuellement à l'étranger :

	fr.
Porcelaines, cristaux et verreries, en masse	20,000,000
Peaux ouvrées	21,000,000
Parfumeries, près de	8,000,000
Vins	48,000,000

et nous en vendrions bien davantage si l'étranger ne repoussait nos produits par ses tarifs en représailles des droits énormes par lesquels nous repoussons les siens.

Toutes ces diverses branches de notre commerce peuvent s'épanouir au grand jour, et nos colonies n'ont point à se plaindre en nous achetant ce que l'étranger lui-même nous achète librement, apparemment parce qu'il ne le trouverait point ailleurs à plus grand avantage.

En tout cas, si nous faisons payer aux colons une partie de leurs approvisionnements plus cher que ceux qu'ils tireraient de l'étranger, à part un ou deux objets, tels que les farines et les fers ouvrés, il n'y a rien qui rappelle ces énormes protections que trouvent chez nous toutes leurs denrées sans en excepter aucune.

III. Enfin, parmi les objets dont nous approvisionnons les colonies, il en est un grand nombre dont la cherté plus ou moins grande est sans influence sur le prix de revient des denrées coloniales : et quant aux choses dont la cherté serait de nature à influer sur ce prix de revient, nous leur laissons d'assez grandes facilités pour les tirer de l'étranger.

1° En 1836, nous voyons figurer parmi nos exportations aux colonies :

OBJETS DE LUXE IMPORTÉS.	MARTINIQUE.	GUADELOUPE.	GUYANE.	BOURBON.	TOTAUX.
	val. f.	f.	f.	f.	f.
Orfèvrerie et bijouterie (sans y comprendre l'horlogerie).	243,345	225,042	71,316	132,134	671,837
Armes de chasse et de luxe.	57,936	26,680	17,538	15,864	118,018
Fruits secs et confits. . . .	46,374	39,136	5,237	29,121	119,868
Amandes, noisettes, etc. . .	27,028	23,795	1,488	11,562	63,873
Viandes apprêtées (non pas viandes salées communes, mais viandes de luxe). . .	24,408	43,497	22,062	44,091	134,058
Vins de liqueurs.	17,826	25,219	972	23,463	67,480
Liqueurs.	31,647	65,208	34,446	56,544	187,845
Parfumerie.	192,515	195,209	16,067	171,102	574,893
Soieries.	448,970	515,780	61,684	430,848	1,457,282
Articles de modes.	47,841	49,855	19,505	27,760	144,961
Instruments d'art et de musique.	14,920	11,553	»	25,568	52,041
Menus articles d'industrie parisienne, jouets d'enfants, tabletterie fine, papier-musique, etc.	120,740	118,530	46,050	204,250	489,570
Total.					4,081,726
Tous ces chiffres sont extraits des *états de commerce des colonies françaises pour* 1836. Quelques autres objets de luxe doivent être ajoutés à cette liste ; nous n'avons pu les tirer des mêmes états, parce qu'ils sont confondus en bloc avec d'autres objets d'entretien ordinaire, mais nous les avons trouvés dans la *Statistique générale du commerce extérieur* :					
Gravures et lithographies.					88,620
À REPORTER.					4,170,346

REPORT.	4,170,346
Linge et habillements confectionnés, 899,000 fr. Ce ne sont point sans doute des pantalons de nègre que l'on fait venir de si loin, mais surtout des ajustements de luxe. Les colons ne vont pas sans doute chercher leurs tailleurs et leurs couturières dans la rue Vivienne pour leurs vêtements d'usage journalier; mais supposons que le chiffre ci-dessus ne comprenne que pour un quart d'objets de luxe.	225,000
Mousselines.	600,000
Tulles et gazes de coton (celles de soie sont confondues avec le chiffre général des soieries).	375,000
Châles de laine brochés et façonnés (et non les châles communs, les châles de coton, qui ne peuvent être regardés comme de luxe). . .	300,000
Tulles et dentelles de lin. De 1832 à 1834, les chiffres ont été : 228,000 ; 298,000 ; 205,000 ; l'approvisionnement étant fait, ils n'ont été en 1836 que.	4,703
Total général.	5,675,049

Cette masse d'objets de jouissance est à répartir entre une population de 110,000 libres, dont plus de moitié se trouve dans une position aussi primitive que les esclaves eux-mêmes à l'égard de ces choses de luxe. Pour des gens qui se disent ruinés, voilà un assez joli mémoire de fantaisies. Je pourrais citer ici beaucoup de faits qui m'ont été rapportés par des témoins oculaires, et notamment par un ami enthousiaste de la Guadeloupe, et qui montreraient à nu toute cette prodigalité, si bien passée dans les mœurs coloniales. Telle dame a dans ses armoires 3 à 400 robes à la fois, et l'on peut douter que ce soient des robes de bure, quand on trouve au compte général 1,457,000 fr. de soieries, sans compter les dentelles, etc. Tel colon n'a pas moins de 12 douzaines de pantalons d'été, sans compter les vêtements des saisons de pluie, etc. Il est inutile de poursuivre de pareils détails ; mais ce qu'il est utile de remarquer, c'est que la cherté plus ou moins grande de tous ces articles ne peut influer sur le prix de revient des denrées coloniales. On ne fait pas de sucre avec des cachemires, et si les colons sont un peu prodigues, nous ne devons pas, outre leur sucre, payer les plumes et dentelles de leurs femmes, en guise de tare, papier ou ficelle. Je ne suis pas de ces esprits austères et quinteux qui blâmeraient les colons de toutes jouissances de luxe ; je trouve très-bien qu'ils se les procurent, mais pourvu que ce ne soit point aux dépens du trésor et du consommateur français.

On voit donc que nous nous sommes plus spécialement réservé l'approvisionnement exclusif des colonies pour les marchandises dont le prix n'influe point sur le prix de revient des denrées coloniales.

2° J'ai ajouté que pour les denrées dont la cherté pouvait influer sur le prix de revient, nous laissions aux colons de grandes facilités pour les tirer de l'étranger.

En effet, nous voyons figurer parmi les importations de l'étranger aux colonies pour 1836 (1) :

(1) Le tableau qui suit ne contient point toutes les importations de l'étranger, mais seulement celles dont la cherté peut influer sur les prix de revient, parce qu'elles sont de consommation nécessaire. Les chiffres sont extraits des états de commerce des colonies pour 1836.

OBJETS IMPORTÉS DE L'ÉTRANGER, d'usage ordinaire, et dont la cherté pourrait influer sur le prix de revient des denrées coloniales.	MARTINIQUE.	GUADELOUPE.	GUIANE.	BOURBON.	TOTAUX.
	val. f.	f.	f.	f.	f.
Chevaux et juments.	49,715	37,000	»	25,375	112,090
Mules et mulets.	1,335	6,550	»	58,000	65,885
Bœufs et vaches.	425 500	598,825	»	139,700	1,164,025
Moutons, veaux, porcs, volailles, tortues.	10,225	38,147	»	6,625	54,997
Viandes salées.	151,124	107,905	29,616	72,473	361,118
Viande fraîche.	»	»	»	1,855	1,855
Morue et autres poissons salés.	240,762	176,971	109,960	»	527,693
Céréales.	»	»	»	261,264	261,264
Farines de froment.	»	»	76,200	36,820	113,020
Farines de manioc.	10,758	»	16,948	»	27,706
Riz.	150,126	209,224	90,250	2,312,818	2,762,418
Pommes de terre.	1,541	3,969	»	»	5,510
Légumes secs et verts, bulbes et oignons.	47,339	19,273	3,511	16,566	86,689
Maïs en grain.	38,428	75,500	»	»	113,928
Saindoux, fromages, beurres salés, huile de poisson, huile d'olive.	»	»	45,050	196,522	241,572
Savons, chandelles, faïence, mercerie.	»	»	11,895	18,571	30,466
Madras, tissus de coton, châles et mouchoirs . . .	190,189	31,217	6,212	16,570	244,188
Bois de construction. . . .	417,728	862,733	16,779	13,004	1,310,244
				A REPORTER.	7,484,668

OBJETS IMPORTÉS DE L'ÉTRANGER, d'usage ordinaire, et dont la cherté pourrait influer sur le prix de revient des denrées coloniales.	MARTINIQUE.	GUADELOUPE.	GUYANE.	BOURBON.	TOTAUX.
REPORT. . . .	. . .	. . .	. .	. . .	7,484,668
Bois en éclisses.	42,587	»	»	»	42,587
Merrains de chêne.	145,017	164,190	»	»	309,207
Futailles vides.	9,985	12,777	»	»	22,762
Meubles.	»	»	»	10,259	10,259
Peaux tannées et corroyées, cordages.	»	»	»	10,690	10,690
Fers en barre et autres, acier, cuivre, étain. . . .	»	»	5,152	90,301	95,453
Ouvrages en fer et de divers métaux.	»	»	19,302	12,442	31,744
Machines et instruments aratoires.	»	17,000	24,579	179,095	220,674
Houille.	»	19,606	»	1,322	20,928
			TOTAL GÉNÉRAL. . . .		8,248,972

En résumé, si les colons nous prennent des dizaines et vingtaines de millions, nous leur prenons peut-être par les tarifs 3 ou 4 millions.

De toute cette discussion résulte en effet :

1° Que notre commerce de vente n'est point absolument exclusif pour les colons ;

2° Qu'ils n'auraient point ailleurs à meilleur marché beaucoup des choses qu'ils nous achètent ;

3° Que pour les autres objets, à part deux ou trois articles, nous sommes beaucoup moins protégés aux colonies que les colons ne le sont chez nous pour leurs denrées ;

4° Que parmi les objets que nous vendons aux colonies beaucoup sont de luxe, et sans influence sur les prix de revient, et que nous laissons importer de l'étranger aux colonies précisément la plupart des denrées dont la cherté pourrait augmenter les prix de revient.

Voilà ma réponse aux objections des colons. La cherté de leur prix de revient n'est donc point suffisamment expliquée par le régime de l'exclusif.

D'où provient donc cette cherté? car enfin il faut bien démontrer aux colons comment, s'ils produisent chèrement, il n'y a point de notre faute, et comment, par conséquent, il est injuste de nous en faire porter la folle enchère.

Première cause : différence de fécondité du sol.

Dans le voisinage des Antilles, le Brésil, territoire immense, sol fécond, cultures neuves qui peuvent recevoir une extension indéfinie; Cuba, île grande comme toute l'Angleterre, moins le pays de Galles, et d'une admirable fécondité; les États-Unis méridionaux, à peine défrichés; l'Inde, sol immense, fécondité tellement prodigieuse, que les Anglais y ont restreint par des tarifs une culture qui eût ruiné par concurrence celle de leurs autres colonies.

Au contraire, dans nos colonies, sol volcanique, moins fécond, usé, fatigué, vieilli; et, par suite d'encouragements imprudents, nous avons vu les colons défricher des terres médiocres, prodiguer le travail et le capital à celles déjà fatiguées.

Voici, au reste, les chiffres officiels produits en 1837 devant les Chambres, acceptés et employés indifféremment par les amis ou par les ennemis des colonies :

Production par hectare à la Guadeloupe (1). 2,500 k.
Martinique. . . . . 3,000.
Bourbon. . . . . 4,000 à 4,500.
Dans la plupart des colonies étrangères. . 5,000.
Au Brésil. . . . . 7,000.
Et dans l'Inde plus de. . . . . 7,000.

2° Le Brésil et l'Inde sont à l'abri des ouragans qui ravagent nos Antilles.

3° Cuba, Porto-Rico, produisent sans engrais, ont des bestiaux et de bons pâturages; nos Antilles ne produisent qu'avec des engrais, n'ont point de pâturages, et tirent leurs bestiaux de Cuba et de Porto-Rico, et leurs mulets de France.

4° Nos colons, ayant étendu leurs cultures au moyen d'emprunts, restent grevés de lourds intérêts.

5° Dans l'Inde, une population immense de travailleurs à bas prix; dans nos colonies, le travail esclave et la diminution constante des travailleurs.

6° Les Anglais ont un industrialisme actif; nos colons, endormis sous la protection, ne progressent que lentement et comme par contrainte.

---

(1) La notice statistique des colonies n'indique même qu'une production de 2000 k. à l'hectare pour les colonies françaises. Le chiffre des documents de 1837 paraît plus exact.

Le gouvernement prodiguait les encouragements aux colonies. Outre les protections générales, taxes et primes, il faisait pour elles des essais d'agriculture ; il envoyait au loin chercher des plants de canne ou de caféier pour régénérer leurs plants vieillis ; il faisait chercher de nouvelles opérations chimiques pour améliorer la fabrication ; il envoyait aux colonies des instruments aratoires et des machines modèles ; il tentait à plusieurs reprises de naturaliser chez eux la culture de l'indigo.

La plupart de ses bonnes intentions ont échoué contre l'apathie des colons, qui, dépensant d'ailleurs en prodigalités ou extension de culture leurs bénéfices nouveaux, n'ont point même, au temps de leur prospérité, pensé à rendre une partie notable de tant de millions empruntés.

Si l'industrie coloniale a fait sous la Restauration de rares progrès, c'est en quelque sorte parce que le gouvernement lui-même a été les y faire aux colonies.

Si depuis quelques années les colons paraissent avoir fait des progrès plus rapides, c'est qu'ils y ont été forcés par la concurrence de la fabrication indigène, dont ils ont adopté d'ailleurs les découvertes et procédés, choses pour eux plus faciles à prendre qu'à inventer.

Non, si les colons produisent chèrement, qu'on ne nous impute point cette folle enchère.

Il y a un ou deux siècles, les colonies nous offraient un sol vierge. Les denrées coloniales se trouvaient la possession exclusive des trois puissances maritimes qui se partageaient les Antilles, et qui s'entendaient, même en état de rivalité, pour faire subir à l'Europe ce profitable monopole. Aujourd'hui les denrées coloniales appartiennent à toutes les contrées intertropicales, d'une étendue mille fois plus grande que ces îles dépouillées de leur ancienne prospérité par la concurrence illimitée de pays dans des conditions plus favorables, et désormais aussi par cette autre concurrence illimitée de l'industrie nouvelle qui bientôt couvrira toute l'Europe.

Ainsi nous avons rapidement parcouru les faits de l'histoire économique et les chiffres officiels; ainsi nous avons montré comment notre commerce avec les colonies, peu profitable pour elles, était ruineux pour nous.

§ II.

Les colonies ne nous sont point utiles sous le rapport financier.

Cette vérité n'est plus sérieusement contestée.

Les colonies prétendent rapporter au trésor 30 millions, et ne coûter que 5 à 6 millions.

D'abord les 30 millions ne sont point payés par les colonies, mais par les contribuables français; si au lieu de sucre français nous consommions du sucre étranger, les 30 millions entreraient toujours au trésor, et il ne viendrait à l'esprit de personne de dire que c'est l'étranger qui les paye.

A notre budget des recettes, je ne sais point de chapitre pour les produits de nos colonies. En revanche elles ont large place au budget des dépenses.

D'après la notice statistique, nous payons pour les quatre colonies :

Dépenses de souveraineté	5,800,000 fr.
Subvention au service intérieur de la Guyane.	525,000
	6,325,000 fr.

Elles ont part, en outre, à des dépenses générales faites en France et communes à toutes les colonies.

Le chiffre ci-dessus comprend seulement le supplément de solde payé aux troupes d'artillerie, mais le principal de la solde figure au budget général de l'artillerie.

En outre, partie des dépenses intérieures de la colonie sont encore indirectement payées par le trésor et le contribuable français.

Il serait curieux d'analyser avec détail le budget des recettes locales aux colonies. Les droits d'entrée sur les objets de consommation, le colon les paye sans doute, comme nous payons de notre côté les 30,000,000 de droits sur leurs denrées; mais quant aux droits d'entrées, sorties, tonnages, mouillages, expéditions, visites, etc., supportés par notre marine au bénéfice du trésor colonial, les colons y sont-ils pour bien grande part? Et si le fret du sucre s'en trouve augmenté, c'est encore le consommateur français qui paye. Enfin, nous trouvons encore parmi les recettes coloniales le produit des loyers de noirs aux divers services, et les bénéfices faits sur les traites expédiées de France pour le paiement des dépenses militaires, et traitesexpédiées des colonies pour le remboursement des dépenses faites sur les bâtiments de guerre; tous chiffres de recettes point déboursés par les colons, et indirectement supportés par le trésor et le contribuable français.

Ainsi donc, le trésor fournit directement aux quatre colonies : 6,300,000 fr. ;

Plus, leur part dans les dépenses générales faites en France, communes à toutes les colonies ;

Plus, la solde principale de l'artillerie ; et en outre indirectement leur donne le moyen de pourvoir à partie de leurs dépenses intérieures.

Outre ces 7 à 8 millions annuellement payés par le trésor, et sans parler de tant de millions gaspillés en primes de 1826 à 1833, le trésor perd tous les droits qu'il percevrait sur les denrées étrangères si, n'ayant point de colonies, nous recevions ces denrées de l'étranger. Sur les sucres seuls nous avons vu qu'il perdait sous la Restauration, et jusqu'en 1833, — de 19 à 22 millions; en 1837 encore 7 à 8 millions ; aujourd'hui quelques millions encore, et bien davantage pour l'avenir si les colonies étaient délivrées de la concurrence de la betterave.

Le trésor perd encore sur les autres denrées coloniales. Puis à chaque instant viennent les crédits supplémentaires et subventions extraordinaires, et sans parler de celles fournies sous la Restauration, cette année nous donnons à la Martinique un secours de 2 millions ; Bourbon demande un port, et un devis de 6 millions est tout préparé dans les bureaux de la marine.

M. Humann, alors ministre des finances, déclarait en 1833 que dans sa conviction les colonies coûtaient deux fois plus qu'elles ne rapportaient. Il aurait pu dire nettement qu'elles ne rapportaient rien et coûtaient beaucoup.

Ici point de récriminations ou d'explications possibles de la part des colons, car nous ne discutons point l'utilité de ces dépenses; nous les supposerons si utiles qu'on voudra : mais nous les constatons.

§ III.

Une nation puissante comme la nôtre a besoin d'une marine militaire pour défendre sa politique, pour étendre et protéger son commerce.

Une marine militaire, forte et exercée, sera toujours un élément principal de notre force et de notre grandeur. Quand nos intentions politiques comprennent cette vérité, nous devons faire en sorte que notre législation commerciale ne contrarie point son développement pratique.

« L'inscription maritime, la marine marchande donnent la solution du problème inutilement cherché pour l'armée de terre, celui d'une réserve qui ne nous coûte rien et qui s'exerce continuellement dans le métier auquel elle doit être appelée un jour (1). »

La marine marchande est pour notre marine militaire une pépinière de matelots aguerris, faits à la mer.

---

(1) M. Lacave-Laplagne, ministre des finances. Séance du 23 mai 1837.

Le développement de notre puissance navale se trouve donc lié en partie avec celui de notre commerce maritime.

Sans doute le recrutement peut beaucoup, mieux sous certains rapports, plus mal sous certains autres, mais il ne peut pas avec la même généralité, la même économie.

Ces préliminaires posés, examinons si les colonies, si notre système colonial sont directement utiles à notre marine. Je ne le pense pas.

M. Mauguin, en 1833 (1), exprimait cette opinion devant la Chambre : « Si nous n'avions point de colonies, nous n'aurions point de marine. L'Espagne n'a dominé les mers, le Portugal n'a été puissant, la Hollande n'a été comptée pour quelque chose dans la balance politique, que quand ils ont eu des colonies, parce qu'alors seulement ils ont eu une marine. »

Voyons ce qu'il y a d'absolu dans cette pensée.

Il y a trois siècles et demi, les nations du vieux monde n'avaient guère que des relations continentales, aucune d'elles n'avait de marine puissamment organisée. Le moyen âge se débrouillait; les nations étaient assises; l'ère moderne commençait; la passion des voyages et des découvertes agita les peuples maritimes. Le Portugal, l'Espagne, la France, l'Angleterre, la Hollande, équipèrent des navires et lancèrent des matelots sur les océans inconnus.

Si par delà les mers ils eussent trouvé des terres occupées par la civilisation et des nations commerçantes, ils eussent noué des relations avec elles, en

(1) Séance du 20 mars.

créant des comptoirs plutôt que des colonies agricoles. Leur commerce maritime se fût développé sans colonies.

Les terres nouvelles étaient sans habitants ou occupées par des tribus demi-sauvages, demi-civilisées, hors d'état de suivre un commerce actif et régulier.

Les nations européennes occupèrent ces terres et envoyèrent des colons les cultiver. Ces établissements servirent d'intermédiaires au peu de commerce d'échange fait avec les nations nouvelles ou leurs débris, mais firent surtout, en appliquant leur vieille industrie au sol nouveau, un commerce considérable qui n'eût point existé sans la colonisation.

Les terres nouvelles renfermaient d'abondantes sources de commerce, mais point de nations commerçantes : les Européens y déposèrent, par leurs colonies, des noyaux de nations commerçantes sans lesquelles le commerce maritime n'eût point existé.

Et comme bientôt chaque nation fut conduite à se réserver son commerce colonial, il fut vrai de dire alors qu'une nation qui n'avait point de colonies ne pouvait avoir de marine, par la raison toute simple qu'on ne trouvait guère au delà des mers d'autres nations commerçantes que les colonies, et que chaque nation se réservant le commerce de ses colonies, celle qui n'en avait point ne trouvait personne avec qui commercer.

Aujourd'hui, les positions sont changées. Pour commercer, il y avait d'un côté des mers le vieux monde, et au delà, des colonies seulement; aujourd'hui, il y a d'un côté de grandes nations commerçantes, et, de l'autre, encore de grandes nations commerçantes, et au milieu quelques îlots restés çà et là, débris d'un grand système qui a fait son temps, et par-dessus lesquels les deux mondes se donnent la main pour conclure leurs marchés.

Où il n'existait que des colonies appartenant à deux ou trois nations pouvant s'entendre dans des vues de monopole, il existe vingt nations pouvant commercer librement, vingt nations qui ont de grands progrès à faire et promettent les plus larges développements au commerce futur.

Là où quelques villes anglaises et françaises s'étaient fondées à grande peine, existe une nation qui fait un commerce immense avec le monde entier, et avec la France seulement un commerce annuel de 240 millions.

Et comme ainsi on peut avoir un commerce maritime très-développé sans avoir de colonies, il n'est plus vrai de dire aujourd'hui qu'une nation qui n'a point de colonies et de système colonial ne puisse avoir de marine.

Chez toutes les nations, le commerce maritime étranger a une bien autre importance que le commerce colonial. Le premier tend à s'accroître, le deuxième à baisser.

L'Angleterre a moins de colonies, et sa puissance maritime a augmenté. La Hollande a presque autant de colonies, et sa puissance maritime n'est plus comptée. L'Espagne avait cessé d'être puissante longtemps avant d'avoir perdu ses immenses colonies. Les États-Unis n'ont point de colonies et sont une nation maritime puissante. Enfin l'Angleterre observe avec souci les ports de la mer Noire et du golfe de Finlande, et la Russie n'a point de colonies.

C'est donc qu'aujourd'hui la possession des colonies n'est plus un élément indispensable pour une puissance maritime. C'est que s'il y a une certaine liaison entre la puissance navale et le commerce maritime, il n'y a pas de liaison nécessaire entre ce commerce maritime et la possession des colonies.

Il n'y a donc pas ici de vérité absolue, mais des vérités variables selon les temps et les nations. Toutes les idées contingentes ont cela de particulier que, vraies pour une génération et conservées par l'habitude, elles deviennent pour la génération suivante un déplorable préjugé.

Le commerce colonial n'est point utile à notre développement maritime, je dirai plus, sous son régime actuel il en arrête l'essor.

Entrons dans l'examen des faits et des chiffres, apprécions la part des colonies dans notre navigation maritime. Ordinairement on s'en fait une idée exagérée : on diminue l'importance de notre commerce étranger; on groupe sous un seul chiffre les navires servant à la navigation entre la France et tous ses comptoirs, tous ses établissements, toutes ses colonies, tandis qu'il faut distinguer la part précise occupée par nos quatre colonies agricoles, les seules engagées dans la question ; puis on confond les navires et voyages de navires, matelots et voyages de matelots.

Pendant longtemps, on recevait sans examen que le commerce du sucre colonial occupait 5,000 navires et 10,000 matelots.

M. Lestiboudois, toutes réductions faites, a trouvé 160 navires et 2,000 matelots.

Ne cherchant ici d'ailleurs que des vérités générales

et des termes proportionnels de comparaison, je me servirai des chiffres officiels, mais en prévenant de leur valeur : ces chiffres, sauf explication, ne représentent que des voyages de navires ou de matelots.

Voici le mouvement de notre navigation en 1836, sans compter le cabotage :

ENTRÉS DANS LES PORTS.		SORTIS.	TOTAL.
NAVIRES FRANÇAIS.	5,173	5,258	10,431.
Dans ce nombre les 4 colonies figurent seulement pour.	394	368	762.
MATELOTS.	48,040	50,007	98,047.
Dans ce nombre les colonies ont occupé.	5,302	5,079	10,381.

La navigation coloniale n'occuperait donc que $\frac{1}{13}$ des navires français et $\frac{1}{10}$ des matelots.

Toutefois, la proportion est en réalité plus forte pour les colonies.

Car une partie des 10,431 voyages de navires et des 98,047 voyages de matelots ont été employés à la navigation de la Méditerranée ou des ports européens de l'Océan, de la Baltique ou de la mer Noire, et deux de ces voyages ne valent pas un voyage aux Antilles.

Mais, d'ailleurs, le chiffre général comprend 1771 voyages de navires faits dans les mers où se trouvent nos colonies, ou dans les mers plus lointaines encore (1).

(1) Savoir : États-Unis, Saint-Pierre et Miquelon, Terre-Neuve, Haïti ; possessions américaines anglaises, espagnoles,

Voilà donc au vrai l'état de notre navigation : 10,431 entrées ou sorties de navires, sur lesquelles 762 pour la navigation coloniale; 98,047 voyages de matelots, sur lesquels 10,381 pour les colonies.

Et par suite de cette considération que les voyages aux colonies sont plus longs et plus instructifs qu'une partie de ceux des autres navires, nous pouvons évaluer la navigation coloniale à $\frac{1}{6}$ de notre navigation générale.

Mais pour bien apprécier l'importance de notre marine générale, il ne suffit pas de regarder le présent.

Notre marine a fait beaucoup de progrès depuis 10 années, elle est appelée à en faire de grands encore; et pendant ces 10 années, malgré toutes les protections possibles, la marine coloniale est restée stationnaire, et, quoi qu'on fasse dans l'avenir, restera stationnaire, sinon décroissante.

Le commerce général maritime, qui vivifie nos ports, comprenait :

En 1827, une valeur de	811 millions.
En 1836,	1295
Augmentation de	59 $\frac{6}{10}$ p. 100.

La navigation coloniale comprenait :

En 1827, une valeur de	108 millions.
En 1836,	113
Augmentation de	4 $\frac{6}{10}$ p. 100.

---

danoises ; Mexique, Brésil, Guatimala, Colombie, Pérou, Bolivia, Rio de la Plata, Chili.

Sénégal, Cap de Bonne-Espérance, Maurice, Indes anglaises, françaises, hollandaises ; Nouvelle-Galles du Sud, Chine, Cochinchine, îles Philippines, Océanie.

Grande est la marche progressive de la navigation générale se faisant dans nos ports ; et la navigation coloniale est presque stationnaire.

Si, au lieu de comparer les progrès de la navigation coloniale avec ceux de la navigation générale, nous voulons les comparer seulement avec les progrès de la navigation française spéciale, nous trouvons pour celle-ci,

En 1827, une valeur de	465 millions.	
En 1836,	585	
Augmentation de	25 $\frac{8}{10}$ p. 100.	

Mais comparons surtout le nombre des navires et des matelots, sans compter les navires destinés à la pêche ou au cabotage.

Navigation générale.

Entrées et sorties de navires.		Tonnage.	Hommes d'équip.
1827.	16,632 nav.	1,614,000 ton.	134,748 h.
1836.	22,689	2,371,000	195,606
Augmentation de 38 p. 100,		43 $\frac{6}{10}$ p. 100,	45 p. 100.

Navigation avec les 4 colonies.

1827.	842 nav.	283,000 ton.	13,155 h.
1836.	762	206,000	10,381

Diminution sur le nombre des navires, sur le tonnage, sur le nombre des matelots.

Comparons seulement les différentes branches de la navigation française entre elles.

Navigation française faisant le commerce à l'étranger.

1827.	5,955 nav.	476,000 ton	43,000 h.
1836.	8,556	696,000	64,000
Augmentation de 44 p. 100		42 p. 100	48 p. 100.

Pêche de la baleine : retours.

1827.	6 nav.	2,125 ton.	149 h.
1836.	22	9,312	695
Augmentation de	366 p. 100	430 p. 100	466 p. 100

Pêche de la morue : retours.

1827.	387 nav.	44,000 ton.	8,000 h.
1836	428	52,000	10,000
Augmentation de	11 p. 100	18 p. 100	25 p. 100

Cabotage.

Enfin, le cabotage a passé de 2,018,000 ton. en 1827
à 2,335,000 ton. en 1836
Augmentation de 15 p. 100.

Voilà l'élan pris par la navigation française autre que celle des colonies ; et la marine coloniale est restée stationnaire.

Quand on a montré que la navigation coloniale est le dixième ou, si l'on veut, le sixième de la navigation française, on n'a donc pas tout dit. Il faut ajouter que la marine française est en voie de progrès et susceptible d'un élan indéfini, et que la marine coloniale spéciale, malgré toutes les protections possibles pendant ces dix années, est restée stationnaire, et est condamnée par sa nature à rester stationnaire, sinon décroissante.

Ainsi, plus on avancera dans l'avenir, plus les proportions relatives deviendront favorables à la marine française générale, défavorables à la marine coloniale propre.

D'un côté, il y a progrès et progrès indéfini. Sans parler d'Alger et de l'Orient, quel développement nous pourrons donner à notre commerce dans le Nouveau-Monde à mesure que les nations agitées se poseront, et dans les pays d'au delà des îles de la Sonde à mesure que la civilisation elle-même s'y développera !

Du côté des colonies, arrêt ou décroissance ; car la production des colonies est nécessairement bornée par leur territoire, voilà pour le commerce d'importation ; leur consommation nécessairement bornée par leur population, voilà pour le commerce d'exporportation.

La marine déjà considérable et qui peut progresser, n'est-elle pas celle qui doit attirer notre attention principale ? Celle beaucoup plus restreinte, et qui ne peut pas progresser, n'est-elle pas de beaucoup la moins importante ? Quand nous pensons à l'avenir de notre marine, pensons donc surtout à développer notre commerce maritime étranger, sa véritable force future. De ce côté seulement, il y a quelque chose à faire.

Supposons il y a 10 ans nos colonies submergées ; supposons submergés avec elles les navires qui desservaient leur commerce ; supposons, ce qui serait absurde, que cette navigation n'eût pu être remplacée par d'autres voies, et que la France, ne recevant plus de sucre ou de café de ses colonies, eût cessé d'en consommer plutôt que d'en demander à l'étranger ;

La seule augmentation de notre marine, depuis 10 ans, aurait suffi pour couvrir ce désastre, et malgré cette brusque suppression nous aurions aujourd'hui plus de vaisseaux et de marins occupés qu'alors.

Et si l'on veut parler surtout des voyages dans les

mers où sont nos colonies, mers d'Amérique ou mer des Indes et océan Pacifique, comme il y en avait

en 1827 1479
et en 1836 1771

cette augmentation de près de 300 aurait compensé les $\frac{2}{5}$ des 762 voyages de navires faits pour nos colonies, dont les trois autres cinquièmes auraient été compensés largement par l'énorme augmentation de 44 pour 100 sur les navires commerçant dans la Méditerranée, la mer Noire, la Baltique et les ports européens de l'Océan.

La perte subite de nos colonies, qui momentanément porterait coup à notre marine, ne serait donc point une perte irréparable : le temps cicatriserait la plaie.

Mais d'ailleurs, si nous n'avions point eu de colonies, nous aurions tiré nos denrées coloniales de l'étranger.

Pour le même prix, j'ai montré qu'au lieu de 80,000,000 kil., nous aurions reçu à telle époque, sous la Restauration, 123 millions, d'après les calculs de M. Cunin-Gridaine.

Et d'après les calculs exposés au § 1er,

en 1832, 120 millions
et en 1837, 95

Or, si nos armateurs ont gagné à transporter 80,000,000 de kil. de sucre, ils auraient gagné bien davantage, selon M. Cunin-Gridaine et le bon sens, à transporter 123, 120 et 95 millions. Ils auraient employé plus de navires et plus de matelots.

Et comme en définitive on ne paye ce qu'on achète

qu'avec les produits de son industrie, en échange de 123, 120 et 95 millions de kil. que l'étranger eût placés chez nous, il eût été conduit bientôt à prendre de nous des valeurs équivalentes.

Nos armateurs auraient donc eu à transporter tout ce qu'ils transportaient des colonies, plus les 43, 40 et 15 millions de kil. d'excédant. Appelés à entretenir avec plusieurs contrées des relations durables et fécondes, ils eussent fini par y propager le goût et l'habitude des produits français.

Les millions qui se sont enfouis dans nos colonies, restés en France, en fécondant d'autres industries, amenant par l'abondance des capitaux la fabrication à bon marché, auraient permis les placements à l'étranger.

L'exportation de nos produits eût augmenté, et alors avec elle l'importation de l'étranger, sur laquelle on gagne, et en vue de laquelle on exporte.

Et ce double mouvement aurait été au profit de nos armateurs, des ports et de notre commerce maritime.

Mais au contraire, et M. Ducos le remarquait avec raison en 1837 :

Par son système colonial, exclusif et protégé, la France restreignit de plus en plus la sphère de ses transactions mercantiles, et se ferma les marchés étrangers. Elle condamna les consommateurs à d'énormes sacrifices, imposa d'étroites limites à *sa navigation*, et pour centraliser ses débouchés dans 3 ou 4 îlots, arracha à son industrie les magnifiques continents de l'Amérique et de l'Asie méridionales.

Ainsi la possession des colonies n'a point été directement utile à notre navigation maritime ; car tout le commerce que nous faisions avec elles, nous l'eussions fait ailleurs.

Elles nous ont été nuisibles ; car elles ont arrêté l'essor de notre commerce maritime : le commerce fait avec elles, ailleurs nous l'eussions fait plus grand.

L'abandon, sinon de nos colonies, du moins du système colonial, serait donc favorable à notre marine. Bien qu'ayant des colonies, nous pourrions donner à notre commerce extérieur le développement que nous lui eussions donné sans elles ; et en même temps nous garderions naturellement la plus forte part du commerce colonial.

Dès le dernier siècle, Turgot pensait « que la liberté commerciale utile aux colonies nous l'était également ; il était convaincu que l'augmentation de richesses qui résulterait pour elles d'un tel régime procurerait plus d'emploi aux capitaux, aux services et à la *navigation* des ports, pour la part qu'ils prendraient toujours naturellement et nécessairement au commerce de nos colonies, que ne peut leur en donner aujourd'hui le privilége exclusif de ce commerce restreint. »

On dit encore en faveur du système colonial « qu'une navigation nécessairement réservée est indispensable au soutien de notre marine, parce que notre fret étant plus cher que celui des autres nations, nous ne trouverions point à naviguer. »

La cherté de notre fret s'explique, en partie du moins, par le système protecteur dont le système colonial n'est qu'une application.

En économie politique toutes les questions se tiennent; quand on protége une industrie, on est amené à protéger les autres, et quand toutes sont protégées, toutes bientôt se nuisent les unes aux autres; et pour avoir voulu faire analytiquement et en détail du bien à quelques-unes, on a causé un grand mal d'ensemble.

Notre navigation est plus chère, en partie du moins, parce que nous construisons nos vaisseaux plus chèrement, et cela, parce que, grâce au système protecteur, nous payons plus cher une partie des matériaux de nos navires : les fers, les outils avec lesquels nous travaillons, la houille qui active les machines avec lesquelles nous préparons une partie des détails de nos navires; et parce que toutes ces chertés relatives, non-seulement des objets servant directement à la construction des navires, mais de ceux destinés à la consommation des ouvriers que nous employons, nous oblige à leur payer de plus forts salaires.

Soit supprimé le système colonial, ce sera déjà un grand pas fait à l'encontre des systèmes protecteurs, et peut-être à la longue il en amènera d'autres; et alors la construction de nos navires, l'entretien de nos ouvriers et de nos marins devenant moins dispendieux, notre navigation maritime s'étendant, et la multiplicité des cargaisons permettant de réduire les bénéfices sur chacune d'elles, bientôt notre fret diminuera.

D'autres causes contribuent encore à renchérir notre fret : les unes nous honorent, elles sont connues; les autres sont des abus, il est possible d'y remédier. Il n'entre point dans mon sujet de suivre cette idée.

Je prends au reste les choses comme elles sont aujourd'hui. Si notre marine est plus chère, et attendu que c'est une industrie qui tient directement à la puissance et à la sûreté du pays, il faut faire en sorte qu'il y ait une navigation nécessaire pour elle; mais peu importe que cette navigation se fasse avec les ports étrangers ou avec les ports de nos colonies. Notre fret est plus cher, et cependant nous faisons avec l'étranger plus des $\frac{5}{6}$ de notre navigation, dont nous faisons seulement $\frac{1}{6}$ avec nos colonies; or, si nous n'avions pas de colonies, nous pourrions user pour ce dernier 6e des moyens employés pour les 5 premiers.

Si nous protégeons notre marine par des droits différentiels suffisants, notre marine trouvera toujours son fret nécessaire.

Le sucre de nos Antilles paye		49 fr. 50 c.
Celui des Antilles étrangères	par navires français	93 fr. 50.
	par navires étrangers	110 fr.

Or, si par suite de l'anéantissement du système colonial les droits sur les sucres étrangers amenés par bâtiments français avaient été réduits de 93,50 à 49,50, tous les heureux résultats signalés dans ma discussion se seraient produits; et la surtaxe actuelle de fait prohibitive sur l'arrivage par navires étrangers subsistant, notre navigation aurait continué de transporter de l'étranger en France le sucre qu'auparavant elle transportait des colonies en France.

Nos droits différentiels sont établis de manière à donner deux protections, une au producteur colonial, l'autre à la navigation. Ces protections sont indépendantes l'une de l'autre; en conservant l'une comme mal nécessaire, nous pouvons supprimer l'autre. Le producteur colonial en souffrirait momentanément dans son intérêt particulier; la navigation n'en souffrirait point, et même s'en trouverait bien.

C'est pour vouloir toujours confondre deux idées en une seule, c'est parce qu'on n'analyse pas séparément des éléments distincts, qu'on arrive à se faire sur une question des idées fausses et des préjugés d'ensemble.

Nous avons montré suffisamment que notre navigation maritime ne gagnait rien au système colonial, et n'était point florissante pour la part qu'y prenait la navigation coloniale. S'il restait quelques doutes, je présenterais une dernière considération.

Nous avons vu 1° que le système colonial coûtait au consommateur d'énormes sacrifices qui se dénombraient par dizaines, vingtaines de millions et plus;

2° Qu'il coûtait énormément au trésor, directement ou indirectement; et ces nouveaux sacrifices se comptaient encore par dizaines et vingtaines de millions et plus.

Réalisons par l'abandon du système colonial une partie de ces économies; employons une partie du bénéfice à l'extension de notre marine militaire.

On l'a vu, je ne nie point les avantages de l'inscription maritime comme école de réserve plus générale et plus économique (pourvu qu'elle ne nous coûte pas indirectement par les moyens employés à la soutenir); mais d'ailleurs la suppression de nos colonies ne laisserait pas moins subsister notre inscription maritime; je nie même, pourvu que les transitions fussent ménagées, qu'elle en souffrît diminution. Supposons-le cependant : les économies réalisées nous permettraient d'augmenter le nombre des marins du recrutement, d'en tenir à la mer un plus grand nombre.

Une fois leur éducation faite, les marins du recrutement valent mieux que ceux du commerce, car, généralement non mariés, ils s'attachent et se dévouent à leur pavillon, tandis que les marins de l'inscription quittent la pêche et les navires marchands avec regret, par crainte d'une discipline plus sévère, et parce qu'alors ils sont plus longtemps séparés de leur famille.

L'amiral Lacrosse disait : « On s'est trop préoccupé du chiffre de l'inscription maritime ; l'expérience a prouvé que les hommes qui proviennent du recrutement présentent des éléments d'excellents équipages pour la marine militaire. »

D'après les comptes de la marine pour 1837, la France a entretenu en mer 186 navires, dont 11 vaisseaux, 15 frégates, 12 corvettes, 57 corvettes-avisos, bricks, goëlettes, etc., 20 bâtiments à vapeur, etc....

Ces navires se sont répandus sur toutes les mers; nous en avons envoyé jusque dans la mer du Sud et l'océan Pacifique.

Ils ont exercé à la mer un effectif moyen pour toute l'année de 23,812 marins; et remarquons qu'il ne s'agit plus ici de voyages, mais d'années de service. Il ne s'agit plus de 5000 voyages de matelots, le même matelot faisant comme aux colonies 2 voyages par an, mais bien de 23,812 années de service effectif à la mer.

Les comptes de la marine pour 1837 portent pour cette moyenne journalière de 23,812 marins :

Solde à la mer, y compris les suppléments aux états-majors, indemnités et traitement de table, et les frais d'habillement des ma-

telots à la charge de leur solde.	9,282,047 fr.
Vivres (équipages embarqués) : à 24,018 rationnaires, ont été distribués 8,766,480 rations, à raison de 88 c. la ration de mer. . .	7,714,502
Total.	16,996,549 fr.

Je ne prétends pas qu'avec 17 autres millions nous puissions doubler nos armements maritimes, car les dépenses générales et les dépenses en matériel augmenteraient avec un plus grand nombre de marins occupés : mais avec ces 17,000,000 nous tiendrions facilement à la mer, sinon 23 mille, au moins 7 à 10,000 matelots de plus toute l'année ; 7 à 10,000 matelots directement exercés à la manœuvre et à la discipline militaire, attachés à leur pavillon, prêts au premier signal pour toute expédition.

L'économie du consommateur lui restant tout entière, sur les bénéfices faits par le trésor en suite de l'abandon des colonies, le ministre de la marine pourrait obtenir un accroissement de ressources, et serait bientôt largement consolé de la disparition, impossible d'ailleurs, de 2000 marins du commerce, sur lesquels il n'aurait pu recruter que quelques centaines d'hommes.

J'examine la question sous toutes ses faces et j'arrive toujours à cette conclusion : la non-existence de nos colonies, et à plus forte raison la simple suppression du système colonial, ne seraient point pour notre marine militaire une cause de dépérissement.

Je résume cette partie de la discussion :

1° S'il est vrai que la marine militaire ait sa meilleure base dans la marine marchande, dans le commerce maritime, comme le commerce maritime ne dépend point directement de la possession de nos colonies, et surtout du système colonial, il est faux de dire alors, que nos colonies soient indispensables dans l'intérêt de la marine royale.

2° Nos colonies ne nous ont point été utiles sous le rapport de la navigation maritime, puisque tout le commerce que nous faisions avec elle nous l'eussions fait ailleurs; elles nous ont été nuisibles parce que nous eussions fait ailleurs plus en grand le commerce restreint que nous faisions avec elles, au grand dommage du commerce général dont elles arrêtaient l'essor, au dommage aussi du consommateur et du trésor.

Encore donc sous ce point de vue la non-existence de nos colonies n'ayant point empêché un égal développement de notre commerce maritime, la marine militaire n'en aurait point souffert.

3° Enfin, lors même qu'il y eût eu, ce qui n'était point probable, une légère diminution dans le personnel de la marine marchande, les économies réalisées par le trésor auraient permis de la compenser par un développement direct et bien autrement fructueux de la marine militaire.

Les ports de mer ne partagent point cette sécurité; dès qu'on touche à l'arche sainte du *statu quo*, il semble qu'on anéantit à la fois leur existence et celle de la marine française.

Je ne veux point examiner combien les petits intérêts, les petites spéculations peuvent altérer la sincérité, je ne dis pas de toutes, mais de beaucoup de ces réclamations; l'honorable M. Lestiboudois a donné sur ce point des explications qui laissent peu à désirer; j'ajouterai seulement cette remarque générale : les intéressés, qu'ils soient de bonne ou de mauvaise foi, sont trop sujets à se préoccuper de fausses terreurs. Les ports de mer, comme les colons, nous ont habitués à leurs lamentations exagérées; nous ne sommes plus émus avant d'avoir examiné.

En 1831, on présentait une loi de fondation d'entrepôt pour Paris, les ports jetèrent de hauts cris; ce devait être leur ruine, et, selon l'expression énergique et pittoresque d'un ancien ministre (1), à les entendre, il semblait déjà voir l'herbe pousser sur leurs quais.

L'entrepôt a été établi; les quais des ports sont aussi vivants, aussi animés que jamais.

En 1832, les primes à la pêche de la baleine et de la morue furent réduites; les ports proclamèrent que notre marine était perdue, et, depuis ce temps, non-seulement toute notre marine a pris un grand accroissement, mais nos pêches ont augmenté, celle de

La morue, dans la proportion de 2 à 3.	1831 — 22,000,000 kil. 1837 — 33,000,000 kil.
Et celle de la baleine a presque triplé.	1831 — 2,010,900 kil. 1837 — 5,530,000 kil.

Enfin, en 1833, la suppression des primes à l'exportation des raffinés excita de nouveau les clameurs des ports de mer, et l'essor de notre marine n'en a pas moins continué tout son élan.

J'ai montré, dans le cours de la discussion, com-

(1) M. d'Argout.

ment, de 1827 à 1836, le commerce général qui vivifie nos ports avait augmenté

De 59 $\frac{6}{10}$ p. 0/0 sous le rapport des valeurs transportées;

De 38 p. 0/0 quant aux nombre des navires;

De 43 $\frac{6}{10}$ quant au tonnage;

De 44 p. 0/0 si on ne considère que les navires français; de 48 p. 0/0 quant au nombre des matelots.

De 366 p. 0/0 quant à la seule pêche de la baleine;

De 15 p. 0/0 quant au cabotage.

Le Havre, qui réclame si fort aujourd'hui, n'avait, en 1827, qu'un mouvement de port, non compris le cabotage, de 278,000 tonneaux, et, en 1836, déjà 440,000 tonneaux; Marseille comptait, en 1827, 448,000 tonneaux; en 1836, 691,000 tonneaux.

Quand nous avons de pareils résultats à opposer aux malheureuses prédictions passées des ports de mer, il nous est permis de ne pas ajouter foi trop légère à leurs malheureuses prophéties nouvelles, surtout si nous leur rappelons que la navigation coloniale, restée stationnaire, n'a figuré pour rien dans ces augmentations diverses.

§ IV.

Des Colonies sous le rapport politique.

J'ai examiné la question coloniale sous le rapport du commerce direct, sous le rapport financier, sous le rapport de notre développement maritime; et j'ai pensé que les colonies ne nous étaient point utiles. En nous bornant à ce point de vue nous serions conduits rationnellement à l'abandon de nos colonies. Mais je dois aborder une autre partie de la question.

Les colonies nous sont-elles utiles dans l'intérêt de notre puissance politique et dans un intérêt de politique commerciale?

Ici j'arrive à des conclusions nouvelles, et je pense que les colonies sous ce rapport nous sont utiles, très-utiles, qu'il faut conserver la plupart de celles que nous avons, qu'il serait bon d'en avoir ailleurs une autre que nous n'avons point. Peu de mots suffiront pour justifier cette conclusion.

Il y a quelques siècles les relations toutes continentales se créaient de voisinage à voisinage, et les nations européennes n'avaient que des relations européennes. Aujourd'hui les alliances politiques et les alliances commerciales se créent d'un bout du monde à l'autre.

Il faut donc plus que jamais qu'une grande nation soit partout présente, afin d'être partout puissante. Il faut que le pont de ses vaisseaux lui soit un glorieux prolongement de territoire; il faut que le canon de ses flottes fasse rayonner sa puissance aux quatre coins de l'univers.

Sans quoi une république de Venezuela ou quelques milliers de Mexicains tiendraient en échec une nation comme la France et la pourraient insulter impunément; comment les mettre à raison si nous n'avons point de flottes? Sans quoi telle grande nation maritime pourrait chasser notre commerce de partout, renverser contre nous toutes les alliances, effacer notre influence chez tous les peuples maritimes, et nous affaiblir en nous isolant politiquement et commercialement; et comment nous défendre si nous n'avons point de flottes pour aller soutenir à l'étranger notre influence, protéger notre commerce et nous soustraire à l'espèce de blocus politique et commercial qui serait dirigé contre nous d'une manière permanente?

Dans une brochure publiée sous les auspices du délégué de la Martinique, un jeune écrivain de talent, M. Langlais, dont je ne partage point la sympathie pour le commerce colonial, disait d'ailleurs avec raison *comment la puissance des nations tendait à passer des continents sur les mers, et comment la situation ne permettait plus du moins ces inégalités choquantes entre l'armée de terre et la marine.* Je le vois comme lui, *toutes nos questions modernes sont des questions de marine; depuis* 1830, *la France est intervenue dix fois avec sa flotte, une seule fois avec son armée de terre*; et les Chambres viennent de discuter la plus grande question politique de l'époque à propos d'une demande de crédit pour la marine. Les mers sont devenues le champ-clos où les nations agitent leurs querelles ordinaires; les guerres continentales causent de trop vastes embrasements, les nations en ont peur et n'y viennent qu'à la dernière extrémité.

Or, une marine militaire ne peut s'étendre dans les mers éloignées, si elle n'y trouve des stations, des ports de relâche. En temps de guerre et en cas d'accident, les ports neutres ne seraient point un abri efficace, ils ne pourraient recevoir nos navires, ou s'ils les recevaient, leur donner les ravitaillements nécessaires pour réparer les avaries d'une tempête ou d'un combat.

Pendant les guerres du dernier siècle, la Martinique recueillit après un échec la flotte du comte d'Estaing, qui bientôt repartait pour continuer une guerre glorieuse. Sa flotte eût été perdue ou inutile, si la Martinique ne lui avait ouvert un refuge et n'avait servi de base à ses nouvelles opérations.

Les ports de nos colonies sont des postes avancés, des moyens d'attaque contre l'ennemi, des points de ralliement et de refuge, constatant d'ailleurs notre puissance aux yeux des peuples lointains par le fait de notre présence armée. Les colonies sont comme autant de forts détachés sur les mers d'où nous tenons le monde en surveillance.

Elles sont des foyers d'action pour nos corsaires. Dans la guerre de 1744 à 1774, nos corsaires ont amené aux Antilles 950 bâtiments ennemis évalués à 30 millions. A la fin du dernier siècle et sous l'Empire, nous fîmes un mal immense au commerce ennemi par les croisières et les corsaires sortis de nos colonies; et les Anglais employèrent les plus grands efforts pour s'en emparer, non pour se donner de nouveaux moyens de navigation, mais pour affaiblir les dommages que nous leur causions.

Pendant la guerre d'Amérique, nos Antilles avaient servi de centre aux opérations de nos flottes; elles furent le point de départ de nos plus brillantes expéditions.

En 1836, alors que le président Jakson nous menaçait, on a senti de quelle utilité pouvaient être les colonies pour une flotte destinée éventuellement à combattre les Américains.

Elles ont été la base d'opérations et le lien de communication de nos dernières expéditions navales au Mexique et à Buenos-Ayres.

La Guadeloupe n'a point de port; mais la Martinique a un port assez sûr et de bonnes fortifications. Elle est une position militaire importante, une des clefs du golfe du Mexique.

On peut m'objecter que, d'après mes vues, la colonie elle-même, les habitants qui la composent sont de nulle valeur, et que nous avons seulement besoin de postes et de stations fortifiées.

Cela peut être vrai théoriquement, mais en pratique cette population coloniale garde nos ports, appuie nos stations, reste elle-même comme une forteresse vivante au milieu de la mer, et forme encore un rempart autour du drapeau français quand le rempart de pierre a manqué.

Pour défendre une terre sans habitants contre une puissance supérieure, il faudrait de grandes escadres, une forte garnison, de nombreux approvisionnements que le sol ne donnerait point.

Chassées de là, nos garnisons n'auraient plus de moyens d'y rentrer si le gouvernement n'envoyait des armées et des flottes entières, pour les reprendre sur un ennemi retranché.

Mais appuyée sur la population coloniale, une garnison faible devient résistante. La guerre de partisans, de miliciens, s'engage sur toutes les côtes et au besoin dans tous les quartiers de la colonie, et le dernier colon peut incendier la chaloupe étrangère qui viendrait trop près du rivage. L'ennemi ne se hasarde qu'avec difficulté sur un sol rempli d'une population hostile qu'on ne peut expulser, car on ne déplace pas un peuple comme une garnison. Vainqueur et maître du pays, il reste paralysé dans ses mouvements, et si nous envoyons de nouvelles troupes contre lui, ce débarquement devient plus facile, car la population nous aide, car nous avons des intelligences dans la place, et l'ennemi se trouve bloqué entre l'insurrection du dedans et l'attaque du dehors.

En 1794, les Anglais prirent la Guadeloupe; la France envoya 2 frégates et 1150 hommes qui, avec l'aide des habitants, après 7 mois d'une lutte acharnée, chassèrent la garnison de 8,000 Anglais soutenus par de grandes escadres.

Pense-t-on que les 2 frégates et 1150 hommes eussent pu rien faire dans leur isolement contre ces 8,000 Anglais et leurs flottes ?

Et la Guadeloupe, pendant les huit années de guerre qui suivirent jusqu'à la paix d'Amiens, resta française quoique entourée d'îles anglaises et bien que n'ayant ni ports, ni forteresses; mais on savait qu'il y avait à la Guadeloupe des bras et des cœurs français.

Voilà comment, voilà pourquoi il me paraît qu'une population coloniale, point trop étendue, car cela deviendrait un danger, mais bien proportionnée, donne une force immense à notre pavillon.

Sous ce point de vue, j'attache du prix à la population coloniale, mais, il faut bien le remarquer, nullement au commerce que nous faisons avec elle.

Mais, dit-on, le premier coup de canon tiré sur les mers nous enlèvera nos colonies.

Je ne veux point analyser ici de longues pages d'histoire et répéter des faits généralement connus; mais ceux qui ont lu et qui se souviennent savent si, pendant deux siècles, nos colonies ont énergiquement résisté aux plus violentes attaques, dirigées contre elles avec un immense déploiement de forces par la Hollande et l'Angleterre, par Ruyter, Codrington, Rodney. Parce que, dans ces luttes opiniâtres, les colonies, une fois sur douze, auront succombé, faudra-t-il n'enregistrer que leur défaite! et moi je veux aussi me rappeler leur gloire.

Toutes nos guerres maritimes ne seront pas d'ailleurs des guerres de huit à dix années; et il a presque fallu cependant de si longues luttes pour enlever nos îles succombant au blocus et à la famine autant qu'aux boulets des Anglais.

N'ai-je pas montré la Guadeloupe reprise aussitôt que prise, et résistant huit années?

Ne pourrais-je citer Bourbon qui, abandonnée à elle-même avec une faible garnison, effrayant le commerce anglais par ses corsaires, s'alliant dans l'Inde avec Tippoo-Saïb et lui envoyant des secours, ne succombe en 1810 qu'à des forces immensément supérieures, après un long blocus? Redevenue française en 1814, et menacée par les Anglais aux Cent-Jours, elle refuse de se soumettre, et les Anglais n'y peuvent débarquer.

Cayenne, enrichie par ses corsaires, ne se rend qu'en 1809 et seulement sur capitulation, exigeant que la ville ne sera point remise aux Anglais, mais aux Portugais.

Tout ce mal que nous faisions aux Anglais par nos

corsaires, l'eussions-nous pu faire, si nous n'avions point eu de colonies? Toutes les troupes, toutes les flottes employées contre ces *misérables îlots* qui faisaient en notre faveur d'utiles diversions, auraient été amenées contre nous, qui déjà, sur nos mers et dans nos pays d'Europe, avions tant à nous défendre.

Et parce qu'après avoir rendu d'honorables services les colonies auront succombé sous le nombre, faudra-t-il les dédaigner! On nous les aura prises, mais elles auront d'abord aidé à notre défense; puis à la paix, si nous sommes vainqueurs, nous saurons bien vouloir qu'on nous les rende; et nous devons regarder alors nos colonies comme de glorieuses légions qui, après avoir remporté des victoires, séparées un jour du corps de bataille, auront été prisonnières de guerre, et qu'à la paix nous recouvrons avec bonheur dans les rangs de notre armée.

Qu'on se rappelle les 20,000 Mayençais! Après un an de pointes audacieuses en Allemagne, obligée de capituler et de consentir à ne point combattre sur le Rhin pendant douze mois, l'armée de Mayence alla faire dans l'Ouest garnison et batailles, et après douze mois la grande prisonnière pouvait rentrer en ligne sur le Rhin et marcher à de nouvelles gloires.

Aurons-nous moins de justice et de sympathie pour ces autres légions lointaines qui se sont défendues huit ou dix années, et qui, rendues à la paix, reprennent aussitôt comme Bourbon cette parole française qui défie l'ennemi?

Les colonies sont insolentes bien souvent dans leurs prétentions de souveraineté intérieure, insoutenables dans leurs exagérations, dans leurs prétentions commerciales, et peut-être on m'aura trouvé pour elles dur et peu sympathique parce que je n'aurai point été faible; et pourtant je suis juste. Gloire aux colonies qui se sont montrées françaises devant l'ennemi! Prospérité aux colonies qui ne voudront plus vivre à nos dépens, mais qui voudront bien, au prix de quelques sacrifices actuels, entrer avec nous dans une voie de prospérité commune!

Les colonies nous sont utiles sous le rapport politique; il faut les conserver. Elles sont utiles encore sous un point de vue de politique commerciale; c'est-à-dire qu'elles peuvent former à notre profit des centres de relations commerciales avec l'étranger.

Par les entrepôts que nous y créons, elles constatent sur les divers points du globe la présence de notre commerce et de nos produits, et les font connaître. L'étranger viendra moins chercher nos marchandises, si nous n'allons les lui offrir. Il nous faut des comptoirs sur les mers éloignées près des peuples nouveaux qui sont pour nous comme un débouché élastique s'agrandissant avec leur civilisation.

Les colonies placées sous un bon régime seraient utiles au développement de notre commerce avec l'étranger, le seul qui nous soit avantageux; sous leur régime actuel, elles ne servent qu'à l'empêcher au profit de leur commerce direct qui nous est déjà si ruineux par lui-même.

Et puis nous ne pouvons penser à étendre nos relations commerciales sur les mers éloignées, si nous n'avons toujours, pour lui ouvrir la route et pour assurer sa marche, la marine militaire à côté des vaisseaux marchands, des consuls à côté des facteurs; et j'ai montré de quelle utilité seraient nos colonies si nous voulions étendre notre marine sur les mers lointaines.

« En 1819 les Anglais s'établirent à Syncapour qui » n'était alors habité que par 7 à 800 Malais à moitié » sauvages; en 1835, la population s'élevait à près de » 20,000 habitants, et le commerce à 14,000,000 de » piastres fortes. Ce progrès extraordinaire était prin- » cipalement dû aux naturels des îles environnantes » qui apportaient sur leurs propres bâtiments les pro- » duits de leurs pays, pour les échanger contre des » objets manufacturés de l'Angleterre ou de l'In- » dostan. Ils trouvaient ainsi un marché où ils pou- » vaient placer les fruits de leurs travaux Jusqu'alors » ils n'avaient pu s'en faire, en raison du système de » monopole adopté par les Hollandais, qui étaient le » seul peuple européen possédant quelque établisse- » ment d'importance dans ces parages. Chaque année » 1,500 ou 2,000 naturels de l'île Célèbes se rendent » sur la côte de l'Australie pour y faire la pêche dont » ils transportent les produits à Syncapour où des ma- » rins chinois viennent les acheter et les charger sur » leurs jonkes. » (Extrait du *Courrier Anglais* du 2 janvier 1839.)

Voilà le véritable commerce, le seul profitable pour la métropole ; Syncapour est un bel établissement utile à l'Angleterre, non par le commerce de ses 20,000 habitants avec la métropole, mais parce que Syncapour est un marché, un centre de relations duquel l'Angleterre propage dans toute l'Océanie la connaissance et l'habitude de ses produits manufacturés, pour lesquels on lui rend les produits naturels de toutes ces îles nouvelles.

Mettez Syncapour au régime de nos Antilles, et demandez-vous ce que seraient pour la métropole quelques milliers de consommateurs chétifs ? Entre les mains de l'Angleterre, ces 20,000 consommateurs deviennent 20,000 intermédiaires du grand commerce avec les régions nouvelles, 20,000 facteurs intéressés, faisant activement cette propagande commerciale que nous semblons avoir peur de faire, nous qui murons à l'étranger l'entrée de nos colonies.

En résumé, les colonies nous ont été nuisibles sous le rapport du commerce direct; onéreuses pour le trésor; et enfin nuisibles à notre navigation dont elles ont arrêté l'essor.

Mais elles sont utiles à notre puissance politique, utiles indirectement au développement de notre commerce, non par la part qu'elles y prennent, mais parce que mieux régies, elles peuvent aider à son extension à l'étranger; utiles indirectement à notre navigation, non par la part qu'elles y prennent, mais parce que, sagement régies, elles peuvent aider à l'extension de notre commerce maritime extérieur.

Je ne veux donc point abandonner les colonies : je veux que notre drapeau soit présent partout.

« Pour un grand peuple comme la France, » disait M. Guizot, dans cette lettre au maire de Lisieux qui, pour avoir été un fait de circonstance, n'en restera pas moins un monument durable, « pour un grand » peuple comme la France, il n'y a pas moyen de » n'avoir point d'affaires; il n'y a pas moyen de se » retirer de toutes parts, et de s'isoler comme la ré» publique de Saint-Marin. La France est partout

» présente, partout intéressée; partout, quand une
» question survient, quand un événement éclate, il
» faut rester, il faut agir. »

Et aujourd'hui les événements n'éclatent pas seulement en Europe, mais sur tous les points du monde.

Bien loin de vouloir abandonner nos colonies, je voudrais que nous en eussions une de plus. Déjà la France a formé quelques relations dans l'archipel Océanique. Le ministre des affaires étrangères demande au budget de 1840, la création d'un consulat français dans la ville de Sidney.

Au lieu d'un consul je voudrais une station navale, au lieu d'une maison de consul, une colonie; non pas une colonie bâtarde et protégée, mais une colonie librement développée, un Syncapour français.

Et maintenant que j'ai rapidement analysé les faces principales de la question coloniale, et entrevu comment les colonies pouvaient nous nuire, et comment elles nous servaient, j'arrive à cette simple conclusion de bon sens : diriger notre législation coloniale de manière à éviter, à pallier le plus possible les inconvénients, à tirer parti de tous les avantages; garder nos colonies, mais non notre commerce colonial exclusif, aller sagement dans la voie d'un affranchissement qui transforme en centres d'actives relations ces espèces de prisons commerciales; aller lentement d'abord, une brusque secousse amènerait une crise dangereuse aux colonies et peut-être dans nos ports;

mais aller sans hésitation, car ce sont les hésitations qui font perdre le fruit des bonnes mesures ; engager les intérêts dans les voies nouvelles qui leur seraient ouvertes ; remplacer l'exclusif par un exclusif plus mitigé ; amoindrir de plus en plus cet exclusif, n'en conserver enfin de compte que ce qui sera démontré indispensable à raison des circonstances des positions, des faits qui pourront se produire.

Ports, forteresses, entrepôts, comptoirs plutôt que champs de canne à sucre, voilà ce que je voudrais trouver sur les mers.

CHAPITRE II.

SITUATION DES COLONIES.

Culture de la canne. — Mesures à prendre.

Après bien des sacrifices et bien des ruines, nos colonies parvinrent, dans la deuxième moitié du dernier siècle, à un grand développement de prospérité. Les années 89 et 90 furent belles entre toutes pour les productions coloniales ; et cependant Bourbon ne cultivait point la canne à sucre, la Guyane commençait à peine cette culture, la Martinique et la Guadeloupe s'y livraient moins exclusivement.

Bourbon devait à ses cafés, à ses cotons, à ses girofles toute sa prospérité ; les autres colonies cultivaient aussi le café, le cacao, le coton. Toutes produisaient d'ailleurs la plus grande partie des vivres nécessaires à leur consommation.

La révolution, les guerres maritimes, le blocus continental, ruinèrent nos colonies ; les cultures tombèrent en souffrance; beaucoup de colons portèrent leurs capitaux vers l'armement des corsaires.

A la reprise de possession en 1814, l'agriculture était dans un état de dépérissement complet. Le gouvernement fit de grands efforts pour la ranimer, pour lui donner les encouragements nécessaires.

Si le gouvernement avait laissé les colons développer leurs travaux dans des voies régulières et naturelles en cultivant la canne, ils auraient donné la même impulsion aux autres cultures qui leur avaient valu jadis tant de prospérité. Nos colonies ne seraient point exclusivement comme aujourd'hui de grandes fabriques de sucre. La moitié des colons ne souffrirait pas comme aujourd'hui de la crise actuelle, car les cafés, cacaos, cotons ne sont point en souffrance; et la moitié qui aurait cultivé le sucre souffrirait peu, car il n'y aurait point eu ce même encombrement, et les colons ayant restreint leur production dans la proportion de la demande à libre ou presque libre concurrence, ils l'auraient distribuée dans la bonne terre seulement, ne l'auraient activée qu'avec des capitaux résultant de leurs bénéfices et non par le moyen d'emprunts onéreux, et ainsi eussent produit à bon marché et fait leur fortune sans voler le consommateur à l'aide de tarifs exagérés.

Malheureusement il n'en fut point ainsi. Des surtaxes de 25, 30 puis 55 fr. par 100 kil., protégèrent le sucre colonial français contre le sucre étranger; les primes vinrent encore surexciter cette production particulière et diriger de ce côté toute l'avidité commerciale des colons qui, non-seulement ne remirent point en valeur leurs anciennes caféières, cacaoteries et co-

tonneries découragées, mais défrichèrent une partie de celles qui avaient échappé au dépérissement commun pour les transformer en champs de canne.

La culture des autres denrées fut réduite aux terres où il était presque impossible de tenter la culture de la canne. Cette substitution ne suffisant point, de nombreux défrichements furent faits, même dans la mauvaise terre. A Bourbon, la culture fut portée jusque dans les montagnes, dans celles des Salazes et sur les hauteurs du quartier Saint-Pierre; la fréquence des pluies, l'abaissement de température, la difficulté d'exploitation commencent seuls aujourd'hui à décourager les colons de ces extensions nouvelles (1).

Les colons cherchent à nier ces résultats; ils brouillent les chiffres en les citant par masse. Nous qui parlons désintéressés, et qui cherchons la clarté parce que nous ne voulons que la vérité, examinons séparément pour chaque colonie la marche inverse des différentes cultures. Nous allons voir les unes reculer à mesure que l'autre avance, et celle-ci avancer à pas rapides et par brusques oscillations, à mesure qu'une loi nouvelle exagère la protection.

Les chiffres qui vont suivre sont tirés de la notice statistique rédigée dans un esprit tout favorable aux colons.

MARTINIQUE. — Cafés. — En 89: 6,123 hectares étaient cultivés en cafés; 4,000 restaient en 1816, 3,082 en 1835.

Ainsi, non-seulement les anciennes caféières n'ont

---

(1) Notice statistique sur les colonies françaises.

point été remises en valeur. Le quart de celles qui avaient survécu a été arraché.

La Martinique exportait pour la France :

	En 1789,	4,805,000 k. de café.
	1835,	298,000 k.
Cacao. *En culture :*	1789,	1,184 hectares.
	1816,	638
	1835,	492

Exportation pour la France :

En 1789,	345,000 k.
1835,	98,000

Coton. « *Quoique extrêmement facile et peu coûteuse* (1), » cette culture diminue de jour en jour dans la colonie.

En culture :	1789,	2,726 hectares.
	1816,	435
	1835,	178
Exportation en	90,	495,000 k.
	1835,	2,000

Vivres. Les vivres récoltés à la Martinique sont loin de satisfaire aux besoins de la consommation locale.

Canne a sucre. En 89, époque du plus grand développement de la culture de la canne à la Martinique, il y avait alors plantés en canne :

---

(1) Notices statistiques.

	19,000 hectares.
1816,	15,684
1835,	21,179

La production était :

En 1789,	18,500,000 k.	dont 16,000,000 ont été exportés pour la France.
1835,	30,500,000 k.	dont 24,750,000 ont été exportés pour la France.

Sans compter une production de 6,630,000 litres de mélasses, et 1,500,000 litres de tafia.

Ces diverses cultures sont ainsi distribuées :

« (1) Les caféiers occupent la crête des mornes ou la pente supérieure de leurs versants. Les cotonniers s'élèvent en taillis sur les terrains qui se refusent à de plus riches productions. Les champs de canne à sucre couvrent les plaines d'alluvion, le fond des vallées, les coteaux les moins escarpés, » c'est-à-dire à peu près toutes les parties où la culture est matériellement possible.

GUADELOUPE. « (2) La Guadeloupe était parvenue à un haut degré de prospérité, au moment où éclata la révolution française. »

CAFÉS, — 1790 : — 8,174 hectares.

« (3) Cette culture était une source de richesses pour un grand nombre de colons. »

---

(1) Notices statistiques.

(2) *Idem.*

(3) *Idem.*

1818. — 4,988 hectares restaient encore cultivés ; les colons reprennent cette culture avec zèle ; quelques nouvelles terres y sont consacrées ; mais cet élan est vite arrêté par la protection qui tourne l'agriculture vers la canne à sucre. Des 8,174 hectares autrefois cultivés en cafés, il restait, en 1835, — 5,687, dont la culture était assez négligée.

1790,	exportation pour la France,	3,710,850 k.
1835,	récolte totale, 1,000,000 ;	
	exportation pour la France,	541,693.

Cacao. Exportation pour la France :

1790,	269,000 k.
1835,	4,829

Coton. *En culture :*	1789,	8,878 hectares.
	1818,	3,248

Aujourd'hui, « (1) la culture du coton est presque abandonnée à la Guadeloupe. »

Elle n'emploie plus que 1,023 hectares.

Ainsi, non-seulement les anciennes cotonneries n'ont point été remises en valeur, mais les deux tiers de celles qui avaient échappé à la crise impériale ont été défrichées sous l'empire des lois protectrices du sucre.

En 1816, la récolte du coton était de 400,000 kil. ; en 1835, elle n'allait pas au delà de 80,000, dont 44,000 ont été exportés pour la France.

Vivres. — Les vivres récoltés à la Guadeloupe sont loin de satisfaire à la consommation locale.

---

(1) Notices statistiques.

CANNE A SUCRE. 1818, 17,567 hectares.
1835, 24,809

En 1790, l'exportation pour la France fut de 8,725,750 kil. La moitié environ étant en sucre terré, et le terrage enlevant un déchet du tiers, nous pourrions estimer l'importation de 1790 à environ 11,000,000 kil.

En 1834, la récolte a été de 42,000,000, sur lesquels 38,612,960 exportés pour la France. Cette récolte comprenait, en outre, 6,053,000 litres de mélasses, et 1,340,000 litres de tafia.

BOURBON. — Les lois protectrices du sucre ont amené dans les cultures de cette colonie la perturbation la plus déplorable.

Dans la 2e moitié du dernier siècle, sa prospérité croissait rapidement.

Cette colonie était si forte que, malgré son éloignement de la France par elle-même, et avec les débris d'une insignifiante garnison, elle se soutint seule, isolée dans ses mers lointaines, faisait pour son compte, et au profit de la France, la guerre aux Anglais, recevait des ambassadeurs de Tippoo-Saïb, et lui envoyait des secours.

En 1806, sa prospérité intérieure, ses cultures n'avaient point souffert.

Elle était si forte qu'elle résista jusqu'en 1810 à l'Angleterre. Elle était si fière qu'à peine échappée après 1814 aux mains des Anglais, quand, à la nouvelle du retour de l'île d'Elbe, ceux-ci se présentent pour reprendre leur gage, elle refuse de se livrer, et les

Anglais, n'osant y débarquer, recommencent un inutile blocus.

Et cependant la colonie ne fabriquait point, ne vendait point de sucre; « (1) les habitants cultivaient quelques cannes et se bornaient à en extraire le jus ou vesou pour faire du rhum ou du tafia, exclusivement destiné à leur usage. » Nous allons voir quelle interversion de cultures ont amenée les lois protectrices.

Café. «(2) La culture du café demeura près d'un siècle une source féconde de richesses pour la colonie. »

En 1827, Bourbon possédait encore 8,845 hectares cultivés en cafés. Sous la seule influence de la loi de 1826, 4,666 hectares sont défrichés ; 4,179 seulement restaient en 1836.

1789, récolte.	2,000,000 k.
1801.	3,500,000
1815, exportation.	4,500,000
1836, récolte totale.	928,000

Cacao. «(3) La culture du cacaoyer est aujourd'hui fort négligée à Bourbon. On n'y affecte plus de terrains particuliers : on se borne à mêler cet arbre avec les caféiers et les girofliers. »

En 1827, il n'y avait plus en cacao que 47 hectares; en 1836, 28; et en 1837, 15.

(1) Notices statistiques.

(2) *Idem*.

(3) *Idem*.

Exportations pour la France :

1818.	17,434 k.
1836.	6,902.

Coton. En 1789, la culture du coton florissait à Bourbon. En 1836 « (1) la culture du coton est presque abandonnée. »

1789, récolte.	50,000 k.
1816, exportation pour la France. .	48,139
1826.	10,000
1836.	0
1837.	1,721

Total des envois de 1829 à 1837, 16,170 kil. Moyenne de ces 9 dernières années, 1,796. Voilà ce qu'est devenue à Bourbon cette belle culture.

Girofleries. Les girofleries elles-mêmes, si florissantes à Bourbon, n'ont pu échapper entièrement à l'influence envahissante de la canne.

En culture :	1827.	3,401 hect.
	1836.	2,980
	1837.	2,779

de 1827 à 1837, 622 ont été défrichés.

Vivres. En 1789, Bourbon produisait les céréales nécessaires à sa consommation, et en outre « (2), fournissait les blés nécessaires à l'approvisionnement de l'Ile-de-France et aux besoins de la navigation. »

En 1822, elle donnait encore à peu près le blé né-

---

(1) Notices statistiques.

(2) *Idem.*

cessaire à sa consommation : 28,000 kil. seulement de blé ou farine furent tirés du dehors.

La moyenne des récoltes de 1832 à 1836 n'a été que de 188,000 kil. de blé.

En 1836, Bourbon a dû importer 1,163,580 k. de blé et 186,000 k. de farine pour 12,400 individus environ qui consomment du pain à Bourbon.

« (1) Le riz récolté à Bourbon est de bonne qualité. » La colonie qui en fait une si grande consommation aurait dû y consacrer des terres. Toutes étaient prises par la canne à sucre. La récolte moyenne du riz pendant les cinq années de 1832 à 1836, était 717,960 k.

La moyenne des importations du riz étranger pendant les 7 années de 1830 à 1837, était 11,673,839 kilog.

Quant aux autres vivres cultivés à Bourbon, comme maïs, manioc, patates, sauges « (2), ils satisfont à peu près aux besoins du quart de la population. »

En revanche, et pendant que toutes les autres cultures dépérissent, nous allons voir le tableau consolant des prospérités légales de la canne à sucre.

Canne a sucre. En 1815, la canne n'était point cultivée à Bourbon. La loi de 1816 est rendue, on plante la canne. En 1818, un premier essai d'importation nous amène 573,168 k. Puis la culture s'étend rapidement : dès 1827, 11,805 hectares étaient plantés en canne. Grâce à la loi de 1826 et dans les années qui

---

(1) Notices statistiques.

(2) *Idem.*

suivent, 3,034 nouveaux hectares sont plantés en canne.

Total en 1837. . . . . 14,839.

L'exportation qui, en 1818, était de ½ million, passe à 4 millions sous l'influence de la loi de 1816 ; à 6 millions ½ sous l'influence de la loi de 1822. Enfin la double influence des lois de 1822 et de 1826 nous amène en 1834 une récolte totale de près de 25 millions, dont plus de 18 millions ont été exportés pour la France.

De tels chiffres dispensent de toutes réflexions.

Et aujourd'hui Bourbon n'est plus forte comme en 1789 et jusqu'en 1810 ; Bourbon n'est plus fière comme en 1815.

Elle est suppliante et en état de ruine ; elle est à la merci d'un caprice du législateur ; elle ne soutiendrait plus six ans de blocus comme sous l'Empire : alors elle se nourrissait elle-même ; et aujourd'hui sa subsistance lui vient de la France, qui est bien loin, et de l'Inde anglaise, qui est trop près pour sa sécurité. Et que ferait-elle d'ailleurs en temps de blocus avec ses 18 ou 25 millions de kil. de sucre? Bourbon, notre plus belle colonie, serait perdue parce qu'on l'a trop protégée.

GUYANE. Après avoir coûté d'énormes sacrifices, après avoir englouti des capitaux immenses, la Guyane prospéra sous l'administration éclairée, progressive et dévouée de M. Malouet, qui apprit aux colons à dessécher les terres basses dont ils dédaignaient les avantages, et qui sont aujourd'hui les plus fertiles de la colonie.

Toutefois, à l'époque de la révolution ce n'était

qu'une colonie naissante. Les différentes cultures paraissaient devoir se développer également sur un sol neuf propre à les recevoir toutes. En 90 les principales exportations furent :

Sucre.	74,000 kil.
Café	28,000
Coton.	35,800
Cacao.	2,400

De 1818 à 1836 cette proportion relative des diverses cultures est complétement renversée ; toute l'extension du travail agricole se porte exclusivement sur la production du sucre.

Café. « (1) Le café de la Guyane est fort estimé dans le commerce. »

Exportations.	1818 —	20,131 kil.
— —	1836 —	20,328

Coton. « (2) Le coton de la Guyane française est de belle qualité ; dans les marchés de France il est souvent coté au même prix que celui de Fernambouc. »

Exportations	1818 —	197,996 kil.

Moyenne des 5 années de 1832 à 1836.	Récolte totale.	219,607.
	Exportation.	200,733.

Cacao. Le cacaoyer croît naturellement dans les forêts de la Guyane ; sa culture exige peu d'entretien,

(1) Notices statistiques.

(2) *Idem.*

cependant les habitants la négligent ; ils se contentent de faire sécher le cacao à la fumée, ce qui lui donne un mauvais goût qui le fait rejeter par le commerce français ; presque tout celui que récolte la Guyane est exporté aux États-Unis.

En culture : 1818. . . . . 360 hectares.
1836. 197

Vivres. Cette culture est négligée, le prix des vivres hausse dans la colonie. La Guyane, sol immense et fécond, ne comprenant qu'environ 1000 blancs et 20,000 noirs ou hommes de couleur, tire annuellement de France ou de l'étranger pour 630,000 fr. de vivres.

Canne a sucre. Pendant que toutes les autres cultures étaient négligées, celle de la canne à sucre absorbait tous les soins et tous les capitaux.

En culture : 1818. . . . . 567 hectares.
1836. 1,571

Exportation pour la France, 1818 — 57,154 kil. Sous l'influence des lois de 1816, 1820, 1822, l'exportation monte à 494,252 kil. en 1826 ; 639,493 en 1827. La loi de 1826 donna une impulsion nouvelle ; dès 1829 — 1,060,000 kil. sont exportés ; en 1836 :

Récolte totale. . . . . 2,422,796 kil.

Exportation. 2,314,796

Ainsi Bourbon, qui ne produisait pas de sucre il y a vingt ans, récolte aujourd'hui plus de 20,000,000 kil., et la Guyane produit 42 fois plus de sucre qu'elle n'en produisait il y a vingt ans.

Ainsi dans toutes les colonies, sous l'influence des lois protectrices, dépérissement des autres cultures, extension forcée d'une seule ; nos colonies sont devenues de grandes fabriques de sucre, aujourd'hui à la veille de faire faillite.

Il y a là un grand mal; si la colonie place son intérêt sur une seule récolte, elle est bien autrement exposée aux chances des bonnes ou mauvaises années, lorsque ces chances peuvent devenir ainsi des calamités générales.

Elle court bien plus de risques à chaque crise de cette industrie, quand d'autres cultures prospères ne sont point là pour rétablir l'équilibre par la compensation du bien et du mal.

Nos colonies dans leur fol enthousiasme n'ont plus cultivé de vivres ; après quelques mois de blocus on les prendrait par famine. Et ce mal je le juge immense, moi qui ne trouve à la possession de nos colonies qu'un intérêt politique de force et de puissance.

D'autres inconvénients se sont produits : les colons, après avoir rétabli leurs anciennes cultures de sucre, et pris aux autres cultures la plupart de leurs terrains, ont défriché, nous l'avons dit, de médiocres terrains qui ne rapportaient qu'à grande peine, et leur prix de revient moyen augmentait.

Quand ils eurent ainsi forcé les récoltes plusieurs années de suite, la terre à laquelle on demandait trop s'épuisait, il fallut la nourrir par des engrais dispendieux, et le prix de revient augmentait.

Les colons n'attendaient pas à réaliser des bénéfices pour entrer dans ces dépenses; on avait l'idée qu'il suffisait pour faire sa fortune d'emprunter un capital, de bâtir une sucrerie, d'acheter des noirs et de faire du sucre à tout prix, certain qu'on était de vendre à tout prix; les colons empruntèrent 60 ou 80 millions. L'intérêt et l'amortissement de l'emprunt à prélever sur les bénéfices bruts furent encore une cause d'augmentation pour leur prix de revient.

Et ainsi, la protection avait pour effet de les amener à avoir besoin d'être protégés davantage. Elle ne les conduisait point à améliorer, mais à multiplier leurs produits. Pour étendre, activité; pour améliorer, apathie.

La plupart vivaient en grands seigneurs, luxueux et prodigues; s'inquiétant peu des dettes, abandonnant le travail à des intendants, voyageant en Europe ou s'endormant chez eux dans une mollesse coloniale; faisant de leurs sucreries des sinécures, cumulant les bénéfices du commerce avec l'indolence du rentier.

Ce n'est pas ainsi qu'en France nos grands manufacturiers ont élevé leurs maisons; ce n'est pas ainsi surtout que travaillent dans le nord nos fabricants de sucre indigène.

L'œil du maître étant paresseux, insouciant, les bénéfices nets devaient diminuer, le prix de revient augmenter.

Et les colons ne se donnaient point la peine de chercher des améliorations de fabrication pour le réduire. Nous avons montré comment, s'il se faisait un progrès aux colonies, c'était le gouvernement qui allait l'y faire; encore les colons n'acceptaient-ils que pour le sucre ces progrès tout faits; leur apathie décourageait toute autre tentative.

Enfin, sous cette protection, la betterave, qui avait grandi dans l'ombre, est apparue tout d'un coup menaçante pour les colonies et pour le trésor.

En 1833, la Chambre fut appelée à constater le mal produit :

Les anciennes cultures détruites ;

La culture de la canne forcée ;

Le prix de revient excessif ;

Point d'amélioration, mais multiplication des produits ;

Les colons endettés ;

Le trésor en perte ;

La betterave annonçant de nouvelles difficultés.

Les primes supprimées, la betterave n'en continua pas moins son prodigieux élan ; les colonies ont souffert.

Et ces souffrances leur ont déjà été plus utiles que la protection.

Pressés par la nécessité, les colons ont accueilli les améliorations nouvelles de toutes mains, du gouvernement et de la fabrication indigène. Ils ont essayé de nouvelles machines, et, dans beaucoup d'endroits, remplacé le travail des noirs par des charrues et par des animaux.

A Bourbon, le seul remplacement du portage à dos de noirs, par le charroyage, a diminué le prix de revient de 2 fr. par 50 kilogr. Dans beaucoup d'endroits, au lieu de conserver à la canne ses rejetons pour trois ou quatre récoltes, on a renouvelé les plants après deux récoltes seulement.

Les colons ont mis plus d'ordre dans leurs affaires, et quelques-uns ont remplacé l'œil de l'intendant par l'œil du maître ; et tandis que, sous l'empire des lois protectrices, le prix de revient restait stationnaire, sinon croissant, sous l'empire de la nécessité le prix de revient, qu'on disait encore, en 1832, de 30 fr. pour 50 kilogr., était convenu, en 1836 et 1837, à 25 fr. Le gouvernement (1) le porte aujourd'hui à 23 fr. 50 c. ; beaucoup, non sans raison, n'admettent qu'un chiffre bien inférieur.

Dût la fabrication indigène n'être qu'un accident, une industrie transitoire, destinée à bientôt périr, elle aurait, du moins indirectement, produit un grand résultat.

Elle a ouvert bien des yeux fermés, appelé la discussion sur une question dont on ne saurait trop vite préparer la solution pour l'avenir.

Elle a obligé les colons à prendre des habitudes d'ordre et de travail qu'ils n'avaient point, et qu'une fois prises ils garderont mieux quand la prospérité leur reviendra.

Elle les a obligés à compter plus sur leur travail, et moins sur des lois aveuglément données ; à attendre plus d'eux-mêmes, et moins du législateur, ce qui est un grand bien pour la force d'une industrie.

Elle les a obligés à obtenir, par des améliorations, un prix de revient plus bas, et a rendu possible une diminution considérable dans la protection.

Enfin, elle a produit ce résultat moral, de faire désirer à beaucoup comme un bien, de faire envisager aux autres comme une nécessité, la chute du régime

---

(1) Exposé de motifs du projet de loi soumis aux Chambres.

Nous pouvons croire à ces promesses nouvelles. En voyant ce que l'industrie sucrière a fait depuis 10 ans, je pense à ce qu'elle pourra faire encore en 10 années; j'ai foi dans son avenir; et plus désintéressé que les fabricants d'Avesnes ou de Valenciennes, je dis pourtant comme eux : « Ne tuons pas cette poule aux œufs d'or. »

Parmi toutes nos industries si chèrement protégées, laquelle a fait de tels progrès depuis vingt ans?

J'ai posé ce principe que toutes les protections permanentes étaient mauvaises, à moins qu'il ne s'agît d'une industrie nécessaire à la défense du pays. Mais il est souvent sage et politique de donner des protections temporaires, pourvu qu'elles ne soient point exagérées, à toute industrie jeune qui bientôt émancipée sera pour le pays une source de prospérité.

Ainsi, lorsqu'autrefois on essaya en France la fabrication des glaces, elles étaient chères en comparaison de celles de Venise. Aujourd'hui la France en vend en Amérique et dans toute l'Europe à plus bas prix et de qualité supérieure.

Il y a cinquante ans, le bailli de Suffren amena en France des filateurs indous pour naturaliser leur travail dans notre hémisphère : l'essai fut coûteux. Aujourd'hui les tissus de coton ne viennent plus de l'Inde; c'est l'Angleterre qui en approvisionne l'Indostan. Et la France non-seulement fabrique tous les tissus de

---

tion de fabrique, qui porterait le rendement à 6 pour cent au lieu de 5, jointe à celle qui réduirait de $\frac{1}{5}$ la consommation du combustible, donneraient une diminution de 10 fr. sur le prix de revient de 100 kil.

coton nécessaires à sa consommation, mais encore en exporte à l'étranger pour 65,000,000.

Depuis quelques années, l'industrie betteravière a pu subir une grande diminution de protection; peut-être aujourd'hui doit-elle subir quelque diminution nouvelle, mais gardons-nous de la frapper brusquement. Ne nous exposons point à la recevoir un jour de l'Allemagne, après l'avoir autrefois tuée chez nous qui l'avions créée.

L'Europe a compris l'industrie saccharine; elle produira bientôt plus de sucre que les colonies; elle en pourra fournir au monde entier. Des chefs d'atelier français ont été appelés partout pour former des ouvriers, pour diriger les établissements nouveaux; et l'industrie est partout en progrès sous des protections bien inférieures aux nôtres.

La Belgique fournit à plus de moitié de sa consommation. Dès le 1er janvier 1837, elle comptait 15 fabriques en activité, 30 en construction; le nombre a dû depuis augmenter.

La Prusse compte de nombreuses fabriques; la Silésie est couverte de champs de betteraves.

La Bohême fournit à plus de moitié de sa consommation, et possède 55 fabriques.

Au 1er janvier 1837, on comptait en Allemagne 84 fabriques en activité, 210 en construction et ce nombre a depuis augmenté. Le Wurtemberg, qui n'avait alors que 4 fabriques, en construisait 25.

Il y a des fabriques en Danemark, Hollande, Westphalie, Bade, Hesse, etc., Bavière, Autriche, Hongrie, Gallicie, Turquie; on en a établi en Italie, jusque dans le royaume de Naples; on en a fondé une en Grèce. La Russie, dès 1837, comptait 30 établissements.

L'Angleterre avait d'abord prohibé chez elle cette fabrication; mais, trop sagace pour ne point se ménager la nouvelle industrie pour le cas où la culture de la canne viendrait à succomber, elle qui, à côté d'un sol propre à la culture de la betterave, possède le fer pour construire les machines et la houille pour les mettre en mouvement, l'Angleterre donc a permis la fabrication du sucre de betterave sous le paiement de droits égaux, il est vrai, à ceux qui grèvent le sucre des colonies; et, dès 1837, l'Angleterre possédait des fabriques importantes à Belfort, à Chester, et sur les bords de la Tamise.

En 1837, des délégués des États-Unis sont venus chez nous étudier la culture pratique de la betterave et la fabrication du sucre; et bientôt dans l'Ohio, l'Illinois, l'Alabama, l'Indiana, la betterave pourra rivaliser avec la canne à sucre des États du Midi.

Étouffons chez nous la culture de la betterave, et nous verrons les étrangers s'en applaudir, et se moquer de notre industrie bâtarde, toujours embarrassée dans ses équilibres de protection, qui pour trop vouloir contenter tout le monde étouffent tout progrès.

Nous aurions créé l'industrie, inventé, perfectionné les procédés de fabrication, supporté toutes les pertes inséparables des premiers essais; puis nous fermerions nos manufactures, et nous enverrions à l'étranger nos chefs d'atelier pour l'instruire, en lui abandonnant exclusivement les avantages que nous devions recueillir; tout cela en l'honneur des exagérations de culture des colons, qui nous en sauraient peu de gré, et dont l'industrie forcée ne continuerait pas moins de languir.

Le sucre de betterave a définitivement pris sa place dans l'industrie moderne. C'est un fait acquis pour l'Europe ; c'est un fait conquis pour la France malgré bien des mauvais vouloirs ; fait de force majeure devant lequel il faut bien s'accoutumer à vivre, en dépit de regrets arriérés, de prédilections contraires.

Industrie si vivace, qu'elle n'a pu être tuée par la chute de l'Empire ;

Si progressive, qu'ayant fait, il y a 10 ans, des promesses exagérées, elle a dépassé ses promesses ;

Si universellement progressive, qu'il y a 30 ans elle n'était nulle part, et qu'aujourd'hui elle est partout ; qu'il y a 10 ans personne n'en parlait, et qu'aujourd'hui tout le monde en parle, qu'une lutte énorme est ouverte à son sujet, qu'en sa présence tous les vieux systèmes de commerce et de colonies ont été remis en discussion, que le mouvement industriel a fermenté partout, objet de crainte ou d'espoir pour les gouvernements et les nations, et que le Nouveau-Monde lui-même, qui jusque-là nous envoyait du sucre de canne, est venu chez nous chercher la betterave pour la placer dans les terres libres des États du Nord, en face des terres esclaves des États du Midi.

Un fait aussi général ne s'explique point par un engouement passager.

C'est une grande révolution industrielle.

Beaucoup pensent que c'est un malheur ; mais pourquoi ?

En matière de fluctuations industrielles, il n'y a que deux malheurs :

1° L'immobilité ;

2° La maladresse des gouvernements, qui, par une législation capricieuse, veulent faire obstacle au mouvement naturel de l'industrie.

L'industrie ne reste jamais longtemps immobile. Les progrès se succèdent. Les vieilles industries sont remplacées par de meilleures.

Chaque siècle consomme en ce genre deux ou trois grandes révolutions, qui font tort à un infiniment petit nombre de gens d'une génération, et profitent à toutes les générations suivantes.

Il y a un demi-siècle, si quelqu'un eût prédit qu'un nouveau tissu allait se produire en Europe, qui en fabriquerait par année pour 3 milliards, et que la France, après avoir fourni à sa consommation, pourrait en exporter 65,000,000, de quel effroi n'auraient point été saisis les immobiles, en se demandant à quelle vieille industrie la nouvelle allait succéder. Et cependant, la France a-t-elle à déplorer aujourd'hui l'introduction de la filature du coton ?

En ce moment, la filature du lin menace celle du coton, et les immobiles d'aujourd'hui tremblent.

Le coton a renversé les vieux tissus, parce qu'il était moins cher ou plus beau ; qu'il soit remplacé à son tour par un produit meilleur, c'est un nouveau pas dans la voie indéfinie du progrès ; c'est un progrès nouveau que nous devons saluer.

A ce sucre de canne chèrement produit au loin par le travail esclave, si nous pouvons substituer le sucre indigène, produit sur nos champs par le travail de nos ouvriers libres, ce sera encore un progrès nouveau, une conquête de plus faite sur la nature par l'intelligence humaine, qui a instinct et devoir, qui a loi de progresser en toutes choses, dans les doubles voies, réagissant l'une sur l'autre, de la civilisation morale et de la civilisation matérielle.

Effrayés des perturbations actuelles, beaucoup de bons esprits voudraient anéantir l'industrie betteravière.

Mais qui peut arrêter la marche de ces révolutions naturelles?

Le mal est de se roidir contre elles, au lieu de régler leur développement pour ménager les transitions.

Une résistance inconsidérée produit deux effets :

1° La vieille industrie continue sa fabrication dans toute son étendue, avec toute la cherté de ses prix de revient; puis, quand la force des choses l'a emporté, il y a encombrement de produits sans issues; il y a de grands capitaux engagés, des crises, des ruines, des souffrances inouïes.

2° L'industrie nouvelle a été presque étouffée à sa naissance, et quand la crise éclate, tandis que cette industrie a marché chez les peuples voisins, chez nous elle se trouve arriérée. Nous avons violemment perdu l'une, et nous n'avons pas acquis l'autre; et pour l'obtenir, il faut, après avoir étouffé jadis son développement naturel, activer par des protections son développement factice; puis, quand nous l'aurons mise en état de soutenir la libre concurrence, une révolution nouvelle viendra menacer cette industrie, qui chez les autres peuples aura fait son temps..... Et c'est ainsi que les protections s'éternisent en passant d'une industrie à l'autre.

Au lieu de travailler à substituer progressivement le sucre indigène au sucre de canne en dirigeant progressivement les colonies vers de nouvelles voies, tuez l'industrie sucrière en France, et protégez vos colonies contre la canne et contre la betterave étrangères ; et longtemps, longtemps encore prenez à tout prix les sucres de vos colonies ; et un jour viendra peut-être où, en dépit des meilleures volontés, vous serez obligés de laisser périr vos ruineuses cultures : alors vos colonies, qui n'auront point su d'avance se ménager de nouvelles ressources, seront subitement ruinées, et vous n'aurez pas acquis l'industrie indigène, et vous aurez à la protéger contre la betterave allemande, ou bien vous irez chercher du sucre dans cette Allemagne à laquelle aujourd'hui vous envoyez vos chefs d'atelier.

C'est un fait accompli, je le répète : la betterave a introduit dans l'industrie saccharine une révolution partielle et peut-être totale. Au lieu de nous irriter follement, examinons, cherchons ce qu'il y a de mieux pour tous les intérêts engagés des deux parts.

Pour mieux apprécier ces intérêts divers, établissons de rapides comparaisons.

Surface des 4 colonies à sucre, 586,845 hectares. Négligeons les 38 départements où la fabrication indigène est disséminée ; prenons les 6 départements où sont concentrées 483 des 585 fabriques de 1837, et qui sont le Nord, le Pas-de-Calais, la Somme, l'Aisne, l'Oise, l'Isère ; ils donnent une surface de 3,977,525 hectares.

Terres en culture aux 4 colonies, le reste n'étant que des montagnes ou des forêts, 160,865 hectares.

Terres labourables dans les 6 départements, 2,292,759 hectares.

Terres soumises à la culture de la canne aux 4 colonies, 62,089 hectares sans assolements.

Terres soumises à la culture de la betterave en France : une récolte de 50,000,000 k., à raison de 1,000 à 1,500 k. ou d'une moyenne de 1,250 k. par hectare, suppose un ensemencé de 40,000 hectares.

Supposons la $\frac{1}{2}$ de ces ensemencés sans assolement, $\frac{1}{4}$ avec assolement biennal, $\frac{1}{4}$ seulement avec l'assolement régulier triennal.

20,000 ensemencés sans assolement	20,000 en culture.
10,000 avec assolement biennal	20,000.
10,000 avec assolement triennal	30,000.

40,000 hectares ensemencés supposent 70,000 ayant déjà participé à la culture de la betterave.

Population des 4 colonies en 1835,—371,352, sur lesquels 260,286 esclaves.

Population du seul département du Nord en 1836, 1,026,417 ;

Du seul arrondissement de Lille, 309,349.

Travailleurs pour l'industrie saccharine. Aux colonies, 108,000 esclaves qui ne désirent rien tant que de voir cesser la culture de la canne. En France, plus de 100,000 ouvriers libres (1), qui ne désirent rien tant que la continuation de la fabrication indigène.

(1) M. Lestiboudois dit même 175,000.

CAPITAUX ENGAGÉS DANS LES SUCRERIES COLONIALES : 406,000,000 fr. (1).

	MARTINIQUE.	GUADELOUPE.	GUYANE.	BOURBON.	TOTAUX.
Valeurs.	fr.	fr.	fr.	fr.	fr.
Terres cultivées en canne à sucre.	31,768,500	37,215,000	1,571,000	24,468,520	95,023,020
Esclaves cultivant la canne.	53,602,500	66,922,000	6,411,600	36,160,500	163,096,600
Bâtiments et matériel d'exploitation (2).	33,500,000	77,000,000	5,000,000	10,100,000	125,600,000
Animaux de trait, bêtes de somme, bétail (3).	8,000,000	10,000,000	1,130,000	3,000,000	22,130,000
Total général.	126,871,000	191,137,000	14,112,600	73,729,020	405,849,620

(1) Nous avons extrait ces détails et chiffres de la notice statistique qui donne ces diverses évaluations, pour 1835, en ce qui concerne la Martinique et la Guadeloupe ; pour 1836, en ce qui concerne la Guyane et Bourbon.

(2) La valeur des terres en canne et des esclaves sucriers est spécialement indiquée par la notice. Quant aux bâtiments et matériel d'exploitation, leur valeur est indiquée par la notice en bloc pour chaque colonie. Nous avons supposé les deux tiers affectés aux exploitations sucrières à la Martinique et à la Guadeloupe, bien que la culture de la canne soit loin d'embrasser les deux tiers des terres cultivées ; 21,179 hectares seulement sur 38,320 à la Martinique ; 24,810 sur 44,745 à la Guadeloupe, et nous avons supposé moitié des bâtiments et matériel affectés aux exploitations sucrières à Bourbon et à la Guyane, bien qu'il n'y ait à Bourbon que 14,530 hectares en canne sur 63,142 hectares cultivés, et à la Guyane 1,576 sur 11,826.

(3) Le chiffre des animaux est également donné par la notice en bloc pour chaque colonie. Nous avons affecté aux sucreries les deux tiers du chiffre pour la Martinique et la Guadeloupe, la moitié pour la Guyane et Bourbon.

Capitaux engagés dans la sucrerie indigène :

Soient les 40,000 hectares nécessaires à produire les 50,000,000 kilogr., sans assolement et sans tenir compte des surexcitations de prix ou de loyer, estimés au prix des bonnes terres dans le nord, de 3 à 4,000 fr. l'hectare, pour une moyenne de 3,500 fr., nous aurons 140,000,000 fr.

Nous n'avons point de bases pour estimer la valeur en bâtiments plus dispendieux que ceux des colonies, la valeur des animaux possédés, soit par les fabricants cultivateurs, soit par les fermiers vendeurs de betteraves; valeur des charrues et matériel de transport pour le voiturage des matières premières ou des produits; valeur des machines et du matériel d'usine; fonds de roulement nécessaire pour le salaire des ouvriers, etc..... Mais, en 1837, un député (1) établissait devant la Chambre un chiffre général de 300,000,000; supposons-le exagéré de moitié, si l'on veut, nous aurions encore 150,000,000; ce qui nous donnerait pour les capitaux engagés dans la culture de la betterave un total de 290,000,000. Ajoutons que dans le total des capitaux pour les colonies nous avons compris une somme de 163,000,000, valeur de 108,000 esclaves, et que nous ne pouvons comprendre aucune valeur analogue dans le calcul établi pour l'industrie française, bien que le fabricant français doive débourser en détail, pour le salaire de ses ouvriers, ce que le colon débourse en bloc pour l'achat d'un esclave.

Si nous examinons maintenant sur quelle surface

(1) M. de Lamartine, séance du 1er juin.

du sol métropolitain les deux industries viennent agir directement ou indirectement, nous voyons que le sucre colonial ne peut agir efficacement que sur quelques départements maritimes en relations étroites avec les colonies. Or, cinq directions maritimes, cinq ports seulement, ont de semblables relations :

Dunkerque pour $\frac{1}{25}$ seulement de sa navigation générale ; le Havre $\frac{1}{16}$; Nantes $\frac{1}{9}$; Bordeaux $\frac{1}{11}$; Marseille $\frac{1}{17}$.

Or, tandis que le commerce général maritime augmente partout, nous avons vu que le commerce colonial reste stationnaire; et quand même le commerce colonial tout entier serait interrompu, nous avons prouvé que le commerce maritime n'en souffrirait aucune diminution durable.

Au reste, l'intérêt des cinq ports est un intérêt localisé; car, si la Chambre de commerce de Dunkerque réclame en faveur des colonies, le département du Nord tout entier voit sa prospérité dans la fabrication de la betterave; si la Chambre de commerce du Havre réclame, le conseil général du département fait des vœux pour la betterave ; si la Chambre de commerce de Marseille réclame, le conseil du département se tait, les conseils des départements voisins font des vœux pour la betterave. Sur trente-neuf conseils généraux qui s'occupent de la question, trente-cinq font des vœux pour la betterave, deux pour le commerce étranger, deux seulement pour les colonies.

Et si les colonies, pour leur consommation nécessaire ou de luxe, demandent beaucoup de travail à nos fabriques de l'intérieur ; de son côté, l'industrie indigène demande beaucoup de travail aux extracteurs de houille, aux fabricants de machines, etc. Les ouvriers qu'elle entretient, qu'elle enrichit, demandent aussi plus de travail aux producteurs et fabricants qui fournissent à leurs besoins.

En résumé :

La partie de la population française intéressée à la conservation de la fabrication indigène est bien autrement considérable que la population coloniale, dont les $\frac{3}{4}$ habitants esclaves désirent vivement la cessation de la culture de la canne.

Si les terrains et les capitaux engagés aux colonies dans cette culture sont considérables, ceux engagés en France dans la culture de la betterave sont considérables aussi.

Et si quelque chambre de commerce des ports fait entendre de vives plaintes contre la betterave, 35 conseils généraux font pour elle des vœux ardents.

Ainsi la masse des intérêts engagés dans cette industrie nouvelle nous fait un devoir de peser bien consciencieusement ses dires, et de ne point la traiter légèrement.

Les avantages généraux que procure indirectement à la France la sucrerie indigène, peuvent se ranger sous deux chefs principaux :

1° Avantages par rapport à l'agriculture, ce premier de nos intérêts, disaient à la tribune tous les ministres qui se sont succédé pour traiter la question, et notamment, en 1837, M. Lacave-Laplagne.

2° Avantages par rapport aux classes ouvrières.

I. Je n'ai en agriculture aucune connaissance spéciale qui me permette d'apporter mon témoignage propre; mais après une étude attentive, j'indiquerai brièvement quels avantages sont restés incontestables au milieu d'exagérations irrévocablement jugées ; j'ajouterai quelles prévisions me paraissent possibles pour l'avenir.

Il y a longtemps, de célèbres agronomes avaient mis au concours cette question : « Trouver une plante sarclée qui, entrant facilement dans un système d'assolement, détruise les jachères et offre au cultivateur un placement utile et assuré. »

La betterave a semblé réaliser toutes ces qualités.

Dans les régions où elle s'est introduite, la jachère a disparu, soit parce que la betterave s'est implantée dans les terres soumises à ce régime, soit parce qu'une partie des cultures sarclées secondaires, obligées de céder à la betterave les terres jusque-là occupées par elles, refoulées sur les terres jusque-là laissées en jachères, ont été régulariser leurs assolements.

C'est ainsi que la culture des colzas, cédant en partie les terres du nord à la betterave, a été se répandre sur le département de la Seine-Inférieure. Le nord, qui avait déjà pu substituer aux jachères une bonne culture, l'a remplacée par une très-bonne, et la Seine-Inférieure, qui n'avait pas cette bonne culture, l'a acquise.

La betterave elle-même en beaucoup d'endroits est entrée en assolement régulier ; toutefois, il faut l'avouer, bien des espérances ne se sont point réalisées.

L'industrie a pris une allure trop manufacturière, et comme les grandes fabriques opèrent sur des quantités énormes de betteraves, et que les frais de transport deviennent coûteux, le fabricant doit chercher à concentrer sa culture autour de sa fabrique, et planter toujours dans les terres les plus proches en sacrifiant les assolements.

Et cela s'est fait presque partout dans le nord.

Toute la betterave cultivée pour l'industrie saccharine n'entre donc point en assolement régulier; mais il faut prendre garde maintenant d'exagérer la négation.

1° A part quelques terres de qualité supérieure où, à force d'engrais, on a pu longtemps soutenir la betterave sans alternoiement, les fabricants reconnaissent aujourd'hui comment cette culture, toujours la même, finit par épuiser le sol, et partout où il est possible d'agir sans mettre contre soi de trop grandes distances, ils commencent à revenir aux assolements.

2° Le fabricant peut cultiver lui-même ou acheter la betterave produite par le cultivateur ordinaire. Dans le nord, vu la grande concentration des fabriques et la limitation relative des terres propres à cette culture, les paysans cultivateurs abusent de la concurrence dans la demande pour retirer de la vente des betteraves un gros profit. Alors le fabricant, qui d'ailleurs ne peut travailler à la fabrique qu'une partie de l'année, est conduit à cultiver lui-même pour utiliser toute son année et pour unir le profit de la fabrique et celui de la culture.

Agissant d'ailleurs sous une impression d'enthousiasme et de confiance dans les protections, beaucoup ont fait d'énormes sacrifices, des sacrifices fous, pour entourer leurs fabriques de terres directement dépendantes, achetées ou louées à des prix excessifs.

Mais lorsque l'industrie bien assise et régularisée ne donnera plus que les bénéfices ordinaires du commerce, les fabricants s'abstiendront de tels sacrifices, et en reviendront plutôt à acheter la betterave toute produite de la main du cultivateur ; et dans tous les pays où les fabriques seront moins concentrées, les terres propres à la culture de la betterave relativement plus nombreuses, et ainsi la concurrence de l'offre du cultivateur aussi grande que celle de la demande du fabricant, cela se fera utilement et avec bénéfices.

Mais un progrès infaillible, et sur la trace duquel on se trouve déjà peut-être, rendra bien plus général ce retour à un ordre naturel.

Ce progrès sera celui qui fera de l'industrie saccharine une industrie purement manufacturière. En paraissant ruiner les premières espérances de l'agriculture, il réagira sur elle de la manière la plus heureuse. Du mal apparent naîtra le bien.

Aujourd'hui le fabricant récolte sa betterave, et vite fait son sucre ; car s'il attend, la betterave se dessèche, le rendement en jus est moins fort, il y a déchet considérable ; et ensuite, pour utiliser le reste de son année, partie de ses capitaux et la portion fixe de ses travailleurs, il en vient, comme nous l'avons dit, à se faire lui-même laboureur ; et comme il ne cultive guère que la betterave, il faut qu'il la cultive en grand ; et comme ses outils, ses bestiaux occupés aux labours et aux charrois de la betterave, y sont occupés exclusivement, ces prix de charrois et d'ustensiles agissent sur son prix de revient d'une manière absolue et sans compensation ; il abandonne les assolements, et malgré son industrie agricole, la moitié de l'année, les capitaux fixes engagés dans sa fabrique restent sans emploi.

Mais que l'on trouve le moyen de conserver la betterave et de fabriquer presque en toute saison, alors le fabricant, pouvant utiliser toute l'année ses capitaux de fabrique, cessera de se faire cultivateur, et bientôt joindra une raffinerie à sa fabrique, ce qui facilitera encore la répartition sur toute l'année de son travail manufacturier, dans lequel il aura profit à concentrer ses opérations.

Devenue toute manufacturière, l'industrie demandera sa matière première à l'agriculture pure, et alors tous les fermiers ou petits propriétaires voisins des fabriques entreront par portion en voie de leur approvisionnement.

Un moulin à vent ne peut soutenir la concurrence d'une grande usine à vapeur pour la mouture du grain; mais le petit fermier qui récolte 30 hectolitres de blé, les vend, et se retire en proportion de ses capitaux engagés presque aussi bien que le gros fermier qui récolte 500 hectolitres.

Entre la grande et la petite production agricole, il n'y a pas la même différence relative de prix de revient qui existe entre la grande et la petite fabrication.

Les grosses fabriques de sucre indigène tueront les petites établies dans les mêmes localités; mais le gros fabricant ne cultivant plus, et tirant son approvisionnement de la terre du voisin, comme le brasseur achète son orge du fermier, le paysan qui aura fait pousser 30 hectolitres de betteraves pourra les lui vendant, gagner autant que celui qui contribuera pour 500 hectolitres à l'approvisionnement général.

Et surtout dans les pays où les propriétés sont très-divisées, l'approvisionnement d'une seule fabrique sera commercial actuel de nos colonies, et ce résultat matériel, de rendre possibles vers l'affranchissement commercial quelques premiers pas, impossibles il y a huit ans.

Tous les colons cependant ne se sont point avancés dans la voie de l'ordre et des progrès; beaucoup se sont réveillés pour la plainte et non pour le travail. Il leur serait doux encore de compter sur une législature docile.

D'ailleurs, il faut en convenir, pour ceux même qui ont fait marcher rapidement les améliorations dans leurs sucreries, les souffrances ont grandi plus rapidement encore.

Ces souffrances ne sont point directement imputables à la fabrication indigène, mais aux lois de 1822 et 1826, sans lesquelles les colons produiraient à meilleur marché, ne seraient point encombrés, ne seraient point écrasés de dettes. La betterave n'a été que l'occasion qui a déterminé les premiers sentiments du mal.

Toute loi qui viendra rétablir immédiatement la prospérité sucrière des colonies, sera mauvaise; elle arrêtera les souffrances actuelles et laissera subsister tous les éléments du mal. Une nouvelle crise infaillible se montrera plus tard, et il faudra recommencer le même cercle de souffrances, quand peut-être l'affranchissement des noirs, imminent ou déjà réalisé, jettera de nouvelles complications dans la situation coloniale.

Le passage d'un mauvais à un bon état de choses ne se fait point sans douleur. Les colonies doivent traverser une nécessaire période de souffrances; cette période est aujourd'hui à moitié passée; il faut tirer parti de ce qui a déjà été souffert, et traverser de suite l'autre moitié pour n'avoir point à recommencer plus tard toute cette pénible épreuve.

L'intérêt de la France et l'intérêt des colonies le veulent. Il faut que le législateur, dans ce moment de crise, entoure les colons d'une sollicitude attentive pour les empêcher d'être écrasés, qu'il les aide à s'ouvrir de nouvelles voies, qu'il soit pour eux bienveillant, mais sans faiblesse; il faut qu'il laisse peser sur l'industrie sucrière cette main de la nécessité qui peut seule forcer les colons à améliorer leurs produits, et restreindre leurs cultures.

Bientôt les colons arriveront au terme de cette crise déjà demi-traversée; voudraient-ils retourner en arrière, pour refaire plus tard tout entier ce rude chemin déjà demi-fait?

La protection valut aux colons un bien momentané, puis un mal tenace. La fin de la protection cause un mal momentané qui, ramenant les choses à un état normal, rendra aux colons la seule voie durable de prospérité, la voie naturelle.

Il faut les forcer à restreindre leur culture de sucre, à la ramener seulement dans les bonnes terres, afin que par cela même leur prix de revient moyen soit amélioré.

Alors, ils pourront vendre aux étrangers quelquefois, et à la France toujours, moyennant une faible protection. Je voudrais arriver assez promptement au point où les colons pourraient nous vendre leur sucre en concurrence avec l'étranger sous une seule protection de 10 fr. par 100 kil.

Ce serait encore, pour une production même restreinte à 60,000,000 kil. au lieu des 87,000,000 de la récolte de cette année, une protection qui pourrait s'étendre jusqu'à un cadeau annuel de 6,000,000 de francs à répartir entre 1,322 fabriques qui sont aux quatre colonies.

Et après quelques années, je voudrais pouvoir réduire encore à moitié cette protection, et ne point la laisser indéfiniment à plus de 5 fr. par 100 kil., ce qui, sur un prix de revient de 30 fr. les 100 kil., ferait encore une protection de plus de 16 p. 100. Sur le sol français, la culture du chanvre n'a que 6 p. 100 de protection, celle du lin 10 p. 100.

Pour en venir là, peut-être faudrait-il réduire les récoltes même au-dessous de 60,000,000 kil. Alors, il n'y aurait plus d'encombrement, alors, les cultures des colonies étant plus variées, elles seraient moins exposées à des crises générales; et l'exclusif pourrait être singulièrement mitigé.

Les colonies sont loin encore de pouvoir supporter l'abaissement de la surtaxe à 5 et même à 10 fr. Nous avons montré comment la faible différence actuelle des prix n'était point normale, mais causée par une hausse extraordinaire du sucre étranger, une baisse forcée du sucre colonial.

La comparaison doit donc s'établir, non entre les prix de vente, mais entre les prix de revient.

Vendant à x l'étranger vend régulièrement et fait des bénéfices.

Le colon français vendant $x + 2$ ou 3 francs prétend vendre à perte et dit avoir besoin de 7 ou 8 francs d'augmentation pour vendre à bénéfices réguliers.

La comparaison peut donc encore s'établir entre x, prix régulier de l'étranger, et $x + 2$ ou $3 + 7$ ou 8 qui serait le prix régulier du colon français.

Pressé par la concurrence de la betterave, le colon a déjà réalisé de grands progrès, puisque sur un sol moins fertile il a pu vendre avec peu d'élévation de prix au-dessus du prix étranger ; bien qu'il puisse faire des progrès encore, ces progrès sont nécessairement limités.

Au contraire, les sucres étrangers n'ayant point été inquiétés et jouissant de la marge des hausses naturelles pour compenser les déficits de récolte, n'ont ressenti aucune souffrance ou impulsion.

Les colonies espagnoles, le Brésil laissent presque le sucre pousser chez eux plus qu'ils ne le cultivent. Quand la main de la nécessité viendra peser sur eux, il faudra qu'à leur tour ils sortent de l'apathie. Ils trouveront chez leurs voisins des progrès tout faits, qu'ils se hâteront d'appliquer : en peu d'années ils réaliseront d'énormes améliorations, et si la politique de l'Angleterre l'exige, elle activera de son côté plus encore cette féconde production de l'Inde, qu'elle vient d'émanciper.

Or cette nécessité de produire à bas prix se fera sentir à l'étranger. Nous pourrons tuer la fabrication de la betterave en France, mais cette industrie est naturalisée aujourd'hui dans toute l'Europe ; et pour l'avantage de nos colonies la Russie et l'Allemagne ne l'étoufferont point chez elles.

Alors cette énorme production de 600,000,000 kil. de sucre colonial annuellement jetée sur l'Europe continentale, n'ayant bientôt plus pour débouché que l'Espagne, une partie de l'Italie, de la Turquie, et si l'on veut la France entière, toute l'industrie intertropicale se fera une concurrence si énorme à elle-même dans ces débouchés restreints, qu'il lui faudra baisser ses prix, ou restreindre son développement, et faire d'une manière générale ce que nos colonies ont été obligées de faire devant la fabrication française.

Ainsi donc la betterave fût-elle tuée en France, nos colonies ne seraient point en position de s'arrêter dans leur mouvement actuel. Ce n'est point assez pour elles d'avoir presque atteint le prix du sucre étranger qui n'a point encore baissé; il faut qu'elles s'apprêtent à le suivre quand il va descendre, sans quoi l'intervalle momentanément comblé entre les prix des deux sucres serait bientôt rétabli aussi grand sur des valeurs moins fortes; et alors tous les fâcheux résultats d'un pareil état de choses se produiraient de nouveau : nécessité de protections ruineuses obligeant à resserser l'exclusif; pertes pour le commerce, pour le consommateur et pour le trésor, développement de la contrebande et nouveaux éléments de crise future.

Ainsi, dans tous les cas, que nous conservions ou que nous arrêtions chez nous la fabrication indigène, il faut obliger les colonies à restreindre leur culture et à améliorer leur prix de revient.

Entourons les colonies de sollicitude bienveillante, multiplions pour elles les avantages généraux propres à faciliter la transition, préparons-leur un avenir liquide naturellement prospère et durable, mais dans l'intérêt même de cet avenir comprimons la culture de la canne à sucre.

Donnons un dégrèvement assez fort pour que les

colons ne soient point écrasés, pour qu'ils aient le temps de se dégager un peu, pas assez fort pour qu'ils soient engagés à continuer l'extension de cette culture.

Il faut les obliger à se restreindre, il faut que la fabrication coloniale souffre jusqu'à ce qu'elle soit restreinte, afin que le mal actuel soit détruit par sa racine, et que le mal général, qui certainement se produira d'ici vingt ans, soit d'avance prévenu pour nos colonies.

Que le gouvernement tienne ferme; fort de sa conscience, qu'il laisse passer la mauvaise humeur actuelle des colons; qu'il prenne les devants sur la crise future, seul moyen de sauver les colonies.

Les colons achèveront de traverser leurs souffrances actuelles, et seront dans tout l'éclat de la prospérité quand les colonies étrangères commenceront leur crise. Alors, en voyant cette ruine dont nous les aurons sauvées, les colonies nous rendront justice. Elles auront vingt années d'avance dans la voie du bien.

Nous aurons fait souffrir les colonies une seule fois pour les sauver.

Des amis faibles ou imprévoyants les feraient souffrir à deux fois, et peut-être la deuxième fois serait trop forte et trop irrémédiable pour qu'elles n'en fussent point écrasées.

Nos colonies ne donnent plus que d'insignifiantes quantités de cafés, cacaos et cotons. Nous en tirons de l'étranger des quantités énormes. Engageons les colons à porter de ce côté leurs capitaux et leur attention. Nous achetons à l'étranger poivre, indigo, vanille, cannelle, muscade, quinquina, toutes choses pour lesquelles le sol européen ne fait point concurrence. Les colons doivent en partie substituer ces cultures à celle de la canne qui s'en va.

Ils le comprennent, mais ils n'écouteront point de conseils ; ils ne se plieront que sous la nécessité ; et déjà ils ont commencé à s'y plier. Nous avons suivi de 1816 à 1835 ce mouvement de l'agriculture des Antilles qui se retirait de toutes les autres productions pour se concentrer sur celle du sucre. Depuis 1835, un mouvement inverse commence à se produire.

		1835.	1837.
Martinique.	Canne à sucre.	21,179 hectares.	20,892 hectares.
	Café.	3,082	3,158
	Coton.	178	257
	Cacao.	492	596
Guadeloupe.	Canne à sucre.	24,809	24,500
	Café.	5,687	5,853
	Coton.	1,023	1,044
	Cacao.	159	204
	Tabac.	17	47
	Mûriers,	10	45
	Vivres.	13,042	13,823

Heureuse réaction, trop lente encore, et qu'il faut accélérer. Gardons-nous d'arrêter ce mouvement salutaire par une loi maladroite qui rendrait à la culture de la canne ses folles et fatales protections. Pour hâter le mouvement comprimons la production sucrière, et pour favoriser la transition faisons la place belle aux autres cultures. Donnons-leur, s'il le faut, de nouvelles, d'énormes protections, afin d'aider les colons dans leurs premières tentatives, et de couvrir leurs frais de premier plant ; mais en les prévenant que ces protections ne devront pas toujours durer, car sans cela les mêmes inconvénients reviendraient de ce côté.

Fortes protections pour imprimer l'élan, mais bientôt modération de ces protections pour que l'élan se régularise et ne devienne point un pernicieux enthousiasme.

Et pour mettre les colonies à l'abri des chances d'un long blocus, tâchons avant tout qu'elles produisent des vivres pour elles et leurs garnisons.

Les colons s'adressent successivement à tous les intérêts, à tous les préjugés, à toutes les pensées égoïstes et aussi à toutes les pensées généreuses qu'ils cherchent à abuser; ils disent : « Vous voulez abolir l'esclavage, protégez nos sucres, car ils sont notre seule prospérité ; comment tenter l'abolition de l'esclavage, dans un moment où les colonies ne seraient point prospères ? »

Ce raisonnement n'a rien de sérieux.

Il y a trois ans on voulait abolir l'esclavage, et les colons disaient : « Si vous abolissez l'esclavage, vous tuez la culture de la canne. » Aujourd'hui on veut restreindre la culture de la canne, et ils prétendent que c'est rendre impossible l'abolition de l'esclavage.

Pour empêcher l'abolition de l'esclavage, on proclamait, il y a trois ans, l'incompatibilité de la fabrication du sucre et de la liberté.

Pour empêcher la restriction de la culture de la canne, on proclame aujourd'hui non-seulement la compatibilité, mais la nécessité de la fabrication du sucre pour arriver à la liberté.

L'abolition de l'esclavage est une nécessité; on ne discute plus que sur l'instant et le mode de transition. Cette prévision s'ajoute à toutes les autres pour engager les colons à restreindre la culture de la canne.

Le blanc, sous le climat de nos colonies, supporte difficilement les rudes travaux de la fabrication du sucre; le nègre affranchi ne s'y veut plus résigner.

Que les colons restreignent donc cette culture qui demande trop de bras, partout où cela deviendra possible, qu'ils remplacent le travail de l'homme par celui des machines et des animaux.

Qu'ils développent surtout leurs autres cultures, qui donneront bientôt les mêmes bénéfices réguliers, qui d'ailleurs exigent moins de bras, et amenant des travaux moins rudes obtiendront plus facilement le travail libre.

Un rapprochement nous frappe. Quelle que soit la matière première, sa culture et la fabrication du sucre demandent beaucoup de travail. Or, les colonies manquent de travailleurs, en France beaucoup de travailleurs sont sans ouvrage.

Le développement des autres cultures dans nos colonies favorisera d'ailleurs cette civilisation des nouveaux libres qui n'y arriveront que par le travail. Il faut leur présenter des travaux faciles pour qu'ils veuillent bien en accepter l'habitude.

Les établissements de sucrerie ne peuvent se monter que sur de grandes proportions. Il faut beaucoup de terres et de capitaux. Une petite exploitation serait ruineuse : la production de 50 ou de 100,000 k. de sucre exige les mêmes frais généraux, le même capital d'usine. Mais la petite exploitation est facile pour les caféières, cacaoteries et cotonneries. Celui qui n'a qu'un hectare en café pourra gagner autant par kilogramme que celui qui cultive 100 hectares.

Nouveau motif pour favoriser ces cultures de petite

exploitation puisqu'elles faciliteront singulièrement l'entrée des nouveaux libres et des petits propriétaires dans la voie de la civilisation, de la famille et du travail.

D'après ce que nous avons dit au chapitre premier, on ne sera point surpris de nous voir demander l'exportation directe du sucre des colonies à l'étranger par navires français.

Lorsque je préciserai les mesures qui me paraîtraient devoir être prises immédiatement, je justifierai davantage cette opinion, j'en montrerai les conséquences pour les divers intérêts.

Je ferai seulement ici cette remarque générale : Nous n'avons aucun intérêt à nous réserver la production de nos colonies puisqu'elle est plus chère que celle de l'étranger ; c'est assez d'être obligé à recevoir ce qui n'aura pu être placé ailleurs.

Si les colons pouvaient engager à l'étranger quelque partie du commerce de leur sucre, dans cette concurrence directe, ils se préoccuperaient davantage du prix de revient, et du prix régulateur sur le marché général, et par ce contact habituel recevraient de profitables enseignements.

Je n'ai point encore parlé de la fabrication indigène, et j'ai déjà entrevu quelles mesures demandait la situation actuelle propre des colonies.

CHAPITRE III.

SUCRE INDIGÈNE.

Je diviserai ce chapitre en 3 paragraphes.

Dans le premier, j'examinerai cette nouvelle industrie en elle-même.

Dans le deuxième, je l'examinerai dans ses rapports avec les colonies, et sous le point de vue du commerce général, des finances, de la marine et de la politique.

Dans le troisième, j'indiquerai, d'une manière générale, quelle mesure semblerait utile à l'égard de la fabrication indigène.

§ I.

A la suite des guerres maritimes et du blocus continental, nous n'avions plus ni sucre, ni indigo, ni coton.

Napoléon voulut qu'ils fussent remplacés par le sucre de betterave, par le bleu de Prusse, par le lin filé à la mécanique.

Il donna d'énormes encouragements à la betterave, les plus belles récompenses au bleu de Prusse, et promit un million à l'inventeur de mécaniques pour la filature du lin.

Aujourd'hui, la betterave répandue sur toute l'Europe chasse de partout le sucre colonial. Presque partout le bleu de Prusse s'est substitué à l'indigo. La filature du lin détermine aujourd'hui dans l'industrie une révolution nouvelle.

Elles se sont réalisées ces espérances conçues par le génie, traitées de rêves enfantés par la politique, d'orgueilleux abus de la volonté humaine.

A l'avénement de la Restauration, la nouvelle industrie sucrière était déjà si vivace, qu'elle ne fut point anéantie par l'énorme abaissement de tarifs sur le sucre de canne de 330 à 44 francs. Peu de manufactures restèrent debout; mais à la longue leur fabrication se perfectionna. Quelques anciennes usines reprirent leurs travaux, d'autres s'établirent.

La concurrence et la nécessité du progrès agirent plus puissamment sur cette industrie que toute la faveur impériale. Le fabricant qui ne faisait que de modestes bénéfices en vendant à 12 fr. le k., obtenait le sucre, en 1828, à 86 c. (plus bas prix) le k. lorsqu'il ne pouvait plus le vendre que 1 fr., 20 c., et l'obtient aujourd'hui à 60 c. (plus bas prix) maintenant qu'il ne le vend plus que 87 c. (1).

Malheureusement les protections demandées par

(1) Tout l'hiver le sucre indigène se vendait à Lille 97 à 99 f. les 100 kil., droit de 11 fr. acquitté, soit 87 fr. droit non acquitté.

les colonies ont aussi déplorablement agi sur l'industrie sucrière, et l'ont bientôt dirigée vers la multiplication des produits et non plus autant vers l'amélioration et l'abaissement du prix de revient.

Et cependant M. Crespel, le plus habile des fabricants de sucre indigène, déclarait, en 1828, un plus bas prix de revient de 86 c. La récolte totale était alors 2,665,000 k.

M. Crespel annonçait que dans dix ans, à conditions égales, il pourrait soutenir la concurrence des colonies; il ajoutait qu'alors la production indigène pourrait suffire aux besoins de la France.

Les ennemis du sucre indigène ont souvent exploité cette promesse et l'ont taxée de mensongère, disant qu'il ne fallait plus ajouter foi davantage aux promesses des fabricants, et qu'il valait mieux tuer promptement cette industrie parasite.

Ils oublient de remarquer que la déclaration de M. Crespel est inséparable de sa date et n'a de valeur que par elle.

En 1828, la France consommait 57,000,000 de k., et le sucre de canne se vendait au Havre, droit non acquitté, 45 fr. les 50 k.

M. Crespel promettait donc que dix ans plus tard l'industrie indigène pourrait fournir 57,000,000 k., à 45 fr. les 50 k., droit non acquitté.

Dès 1836, la récolte était de 50,000,000 de k., et aujourd'hui le sucre indigène se vend à Lille, droit non acquitté, 43, 50 (1). La promesse de M. Crespel a été réalisée.

---

(1) Cours de Lille, le 4 mai, se reproduisant assez unifor-

En 1828, il y avait 58 fabriques en activité, répandues dans 15 départements ; en 1837, 585 fabriques en activité ou en construction, répandues sur 44 départements.

La sucrerie indigène continuait cet énorme développement malgré la diminution de protection, malgré l'imposition de charges directes, malgré l'abaissement des prix.

Nous indiquons, dans le tableau suivant, la marche progressive de l'industrie, la marche décroissante des protections directes ou indirectes.

---

mément dans le courant des mois d'avril et de mai : 49 fr. les 50 kil. Le droit actuel de 5 fr. 50 c. pour 50 k. retranché, reste pour le cours, droit non acquitté, 43, 50.

ANNÉES.	PRODUCTION DU SUCRE INDIGÈNE.	PRIX AU HAVRE, DROIT ACQUITTÉ, DE 100 K. DE SUCRE COLONIAL.	MARCHE DÉCROISSANTE DES PROTECTIONS DIRECTES OU INDIRECTES.
1828	2,665,000 kil.	Prix moyen pendant ces trois années, jusqu'en sept. 1830 -139 à 142 fr.	
1829	4,380,000		
1830	6,000,000		
		Baisse après la révolution, 29 sept. 1830, -125 fr., mais peu à peu les prix regagnent les cours de 1829.	
1831	9,000,000	29 déc.—130 fr.	
1832	12,000,000	29 déc.—151 fr.	
		Par suite de la concurrence de la betterave, le prix va désormais baisser d'une manière constante.	
1833	19,000,000	27 déc.—137 fr. 50 c.	Suppression de la prime. Drawback à 70. Réduction de la tare de 4 à 2.
1834	26,000,000	31 déc.—132 fr.	Elévation du rendement à 75.
1835	38,000,000	31 déc.—130 fr.	
1836	49,000,000	31 déc.—130 fr.	Suppression de la prime à l'exportation des mélasses.
1837	50,000,000	31 déc.—125 fr.	Loi de juillet 1837. Suppression de la tare, droit de licence pour la fabrication indigène, à partir du 1er janvier 1838.
	La production demeure stationnaire, arrêtée dans son élan par les charges qui viennent la grever.		
1838	50,000,000	31 déc.—108 fr.	A partir du 1er juillet 1838, droit sur le sucre indigène de 11 fr. pour 100 kil., porté à 16 fr. 50 c. à partir du 1er juillet 1839.

Ainsi, non seulement la sucrerie indigène a tenu des promesses faites dans la prévision d'une conservation absolue des protections de 1828, mais elle a pu supporter la diminution de ces protections et l'imposition de charges directes. On peut dire qu'elle a été trop protégée, mais on n'a pas le droit de l'appeler stationnaire et improgressive, elle qui dans l'espace de 6 années, de 1832 1838, a quintuplé ses produits, perdu le tiers de sa protection, et abaissé de plus du quart ses prix de vente.

La manière dont elle a tenu ses promesses peut nous donner foi dans ses promesses nouvelles, et nous encourager à lui conserver un peu de protection utile pour liquider les souffrances causées par une protection exagérée, et pour lui permettre d'achever son progrès, le seul réel, son progrès d'amélioration et non d'extension, pour la mettre en état de lutter à conditions égales, non plus avec les colonies de 1828 qu'elle a déjà dépassées, mais avec les colonies de 1839 qui, dans l'intervalle, ont aussi marché mais moins rapidement.

Les fabricants nous disent : « Laissez-nous obtenir de l'agriculture perfectionnée une plus grande quantité relative de betterave, laissez-nous obtenir par l'extraction plus complète du jus un rendement plus élevé en sucre cristallisable, laissez-nous le temps de simplifier nos appareils, de réduire la consommation du combustible, et bientôt nous n'aurons plus besoin d'être protégés contre les colonies (1) ».

---

(1) La simple amélioration agricole qui ferait obtenir les 1000 k. de betterave à 14 fr. au lieu de 16, et l'améliora-

fourni par beaucoup; alors ces petits fermiers, qui ne cultiveront la betterave ni en grand, ni exclusivement, reviendront à l'emploi profitable d'un assolement régulier.

L'industrie, à son début, paraissait devoir être surtout agricole; on crut aux fabriques ménagères et à l'assolement général.

L'industrie, faisant un progrès, devint plus manufacturière qu'agricole; et les assolements ont presque disparu.

Encore un nouveau progrès : l'industrie devenant toute manufacturière et pouvant suffire isolément à l'emploi annuel de grands capitaux et de grandes usines, en vertu du principe de division du travail, se dépouillera de sa partie agricole, ne produira plus, mais achètera la betterave toute produite par le simple cultivateur, et l'assolement redeviendra un fait assez général pour justifier, en partie du moins, les espérances des agronomes.

Et alors, on ne pourra plus proposer avec la même force, contre les assolements, l'objection tirée de l'augmentation possible des frais généraux et de ceux de transport.

Si on calculait isolément le prix de revient du blé, personne ne voudrait en produire, et cependant on en produira toujours.

Une ferme mène à la fois plusieurs cultures, et utilise par l'une le temps et les capitaux que l'autre ne saurait occuper toujours.

A la fin du printemps, le fermier sarcle celles de ses cultures qui demandent ce soin; il coupe son foin pendant que le blé achève de mûrir; entre la moisson et les semailles, il cueille son chanvre et ses pommes de terre, et, dans certains pays, fait son cidre, puis sème, et, pendant l'hiver, broie son chanvre et le pile; il pile aussi la graine de trèfle, et, dans certains pays, bat son blé en grange; puis, au commencement du printemps, sème l'orge pour la moisson prochaine.

Et pour avoir tous ces produits divers, il n'engage pas beaucoup plus de capitaux fixes qu'il n'y serait obligé s'il ne cultivait que le gros blé.

Parce qu'il produit beaucoup de choses, il produit chacune d'elles à meilleur marché, et pourvu que le total de l'année soit profitable, il ne s'inquiète pas du prix de revient détaillé pour chaque culture séparément.

Si le fabricant qui ne cultive que la betterave dépense 100, c'est une dépense absolue. Le paysan qui cultivera dix choses différentes, et mettra la betterave une année dans tel champ qu'il eût laissé en jachère, pourra l'obtenir à un prix relatif même inférieur, bien qu'il ne cultive point en grand.

Vous dépensez 4 et vous obtenez 5 de betteraves, voilà votre compte absolu.

Moi, paysan, je dépensais 4 pour faire aller ma ferme, et je récoltais 5; la culture de la betterave arrive dans mon pays : je n'achète pas un bœuf ni une charrue de plus, mais je laisserai mon bœuf un jour de moins dans l'étable, et ma charrue pourrir inactive un jour de moins, et je sèmerai la betterave sur tel champ que je laissais en jachère. Comme à l'ordinaire, je dépenserai 4 en frais généraux de culture, et, outre 5, produit ordinaire, je retirerai 1 de plus pour cette betterave, que j'ai été amené à cultiver par la certitude de vendre à la fabrique voisine.

Mon champ de betteraves isolément donne peut-être son produit à un prix de revient plus fort que le vôtre; mais comme, en définitive, je n'ai pas acheté pour lui des bœufs ou charrues qu'il me fallait d'ailleurs, mon bénéfice net sur l'ensemble de ma ferme a augmenté; qu'ai-je à demander davantage? Joignez à cela, que cette culture améliore ma terre et me laisse des feuilles pour augmenter mes fumiers, avantages généraux qui me restent et dont je bénéficie.

Et quant aux frais de transport, le calcul ne se fera point encore pour le fermier avec le même absolu que pour le fabricant. Il portera sa récolte à la fabrique, comme il porte son blé au marché : les premiers mois d'hiver, fin de novembre et décembre, sont précisément ceux où les transports de betteraves doivent se faire, et aussi ceux où les travaux du cultivateur sont ralentis. Pour conduire sa récolte à la fabrique, il utilisera les chevaux et la charrette qu'il avait d'ailleurs, et qu'il eût laissés sans emploi. L'amélioration rapide des chemins de vicinalité lui facilitera encore ce travail de charroyage à son loisir et dans toute saison.

Je hasarde ces idées avec une certaine défiance de moi-même; j'en abandonne l'examen à de plus expérimentés; je crois pourtant qu'il y a là quelque chose de vrai et de digne d'attention.

Je crois que la fabrique se séparera du champ, que la culture de la betterave étant abandonnée au cultivateur ordinaire et bientôt subdivisée, morcellée, principalement dans les pays de petites propriétés, et dans ceux où les fabriques ne seront pas trop concentrées, l'assolement redeviendra un fait général.

Et alors l'influence de la betterave, qu'on n'aurait

point cultivée sans le débouché de la fabrique, se fera sentir sur l'agriculture générale d'une manière qui ne sera plus contestée.

Ces progrès se feront lentement mais sûrement, et comme le remarquait M. Dumon, dans son rapport de 1836, « il n'y a en agriculture ni petits progrès, ni petits profits; multipliés par une surface très-étendue et par une population très-nombreuse, ils produisent sur-le-champ d'incalculables résultats. »

La culture de la betterave est une culture nouvelle, et à ce titre encore l'agriculture doit bien l'accueillir. Les céréales sont à bas prix; les agriculteurs se découragent. La seule région du nord, qui en 1814 avait 94,000 hect. ensemencés en froment, malgré l'extension de culture de la betterave, en avait 115,000 en 1835 et produisait 7,000,000 d'hectolitres d'excédant sur tous ses besoins. Supprimez la culture de la betterave dans le nord, que ferez-vous des terrains qu'elle occupe? les laisserez-vous en jachère? beau résultat! les mettrez-vous en froment? mais alors par la trop grande concurrence le prix de vente du froment s'avilira de plus en plus, et vous aurez précisément tué la culture qui permettait l'amélioration du prix de revient de toutes les autres

Je ne parlerai point ici de cet argument tiré d'un accroissement de bestiaux étrangers dans le département du Nord, et du renchérissement plus ou moins exagéré de quelques charretées de fumiers, argument cité par les ennemis de la fabrication indigène, expliqué par celle-ci en sa faveur. L'attaque et la défense sont connues, et au reste quelques faits ou quelques perturbations produites en six années dans un pays où la culture de la betterave a été doublement surexcitée par l'enthousiasme et par la protection, ne peuvent donner aucun argument large et important pour ou contre l'industrie bien assise et régularisée. Dans cette discussion rapide je continuerai de me borner à l'examen des faits généraux.

Et quant aux fabriques ménagères, elles sont une illusion : je m'en réfère à cet égard au savant rapport de M. d'Argout en 1837.

En se tenant en garde contre les exagérations, il faut cependant reconnaître que la betterave a déjà produit et plus tard produira davantage encore de grandes améliorations pour l'agriculture, dans tous les pays où les fabriques pourront se maintenir.

Les adversaires de la betterave objectent qu'une portion bien faible de la France pourra participer à ces avantages; ils ne comptent dans leurs calculs que les terres nécessaires à la récolte d'une année. Mais il faut tenir compte des assolements qui feront participer directement à la culture de la betterave une masse de terre bien plus considérable, et de l'accroissement d'exploitation amené par un infaillible accroissement de consommation lorsque les prix viendront à baisser. Le progrès de cette industrie en étendue a des limites bien larges, mais nous ne devons lui permettre d'y marcher que lorsqu'elle aura réalisé d'abord son progrès en amélioration assez pour soutenir, à conditions égales, la concurrence des colonies.

Puis enfin, qu'on se rappelle cette observation de M. le général Demarçay, que, dans une commune cadastrée, assez généralement sur 2000 hectares, 50 étant de 1re classe estimée à 50 fr. de revenu, 300 de

2e classe estimée à 32 fr., 1650 étaient de 3e, 4e et 5e classe estimées à 15 fr., 6 et 2 fr. 50 c.; et que la betterave ne pouvant être cultivée avantageusement que dans les terres des deux premières classes, ainsi le nombre d'hectares cultivés en betteraves jouerait toujours dans notre agriculture un rôle bien plus considérable qu'un nombre six ou huit fois plus grand d'hectares appartenant aux classes inférieures.

Quoi qu'il en soit, au reste, du nombre d'hectares qui doit un jour être affecté directement à la culture de la betterave, là ne se bornera point tout le progrès pour l'agriculture.

Parce que le nord cultivait la betterave, nous avons vu déjà la Seine-Inférieure acquérir les cultures sarclées secondaires, et les développer chez elles.

« L'industrie sucrière, remarquait en 1837 M. Lacave-Laplagne, a appelé dans les campagnes des capitaux et l'intelligence qui manquait à notre agriculture routinière. »

« Chaque sucrerie devient pour la localité où elle est établie une ferme modèle, enseignant par l'exemple et donnant aux bonnes méthodes et aux instruments perfectionnés l'autorité de son expérience et de sa prospérité (1). » « Ceux qui ont visité des fabriques de sucre sont frappés du bon état de culture où se trouvent non-seulement les terres de la fabrique, mais aussi les terres voisines dont les fermiers ont suivi les bons exemples ou appris à se servir d'instruments perfectionnés (2). »

(1) Rapport de M. Dumon, 1836.

(2) M. Piscatory, discussion sur les primes, 1833.

Ainsi va le progrès, se propageant par ébranlements. Bien des terres ne cultiveront point la betterave, et verront pourtant leur agriculture s'améliorer parce que les terres voisines l'auront cultivée.

On fait encore cette objection : Quel que soit le nombre d'hectares qui participerait indirectement aux améliorations apportées par la culture de la betterave, toujours est-il que le nombre des fabriques est nécessairement limité, et que ces fabriques se grouperont dans les localités plus favorables, celles, par exemple, où les cultures seront plus avancées, les terres plus fécondes, la houille à bon marché.

Mais à mesure que les progrès de l'agriculture s'étendront, la première cause de concentration ne fera plus un invincible obstacle ; si les terres du nord sont fécondes, il y a aussi d'autres terres fécondes dans toutes les parties de la France, sinon groupées par régions, du moins réparties sur un grand nombre de départements ; et puis baissez les droits sur les houilles étrangères, l'ouest et le sud-ouest verront atténuer à leur profit cette troisième cause de concentration.

Sans doute, il y aura toujours de ces concentrations naturelles que la volonté humaine ne peut détruire, mais dont il ne faut point s'exagérer l'inconvénient.

On a considéré comme trop permanent le fait actuel de l'énorme concentration des fabriques dans la région du nord, berceau de l'industrie et peut-être aujourd'hui la seule en France qui ait une agriculture intelligente et avancée.

Puis, et à mesure que les frais de fabrication baisseront, les frais d'un long transport ne baisseront point dans la même proportion. Telle fabrique de l'ouest ou du sud-ouest, de la Vendée par exemple, ou du Tarn-et-Garonne, pourra, tout en produisant plus chèrement que le nord, soutenir la concurrence pour l'approvisionnement de toute sa région, parce que, outre les frais de fabrication, le sucre du nord arriverait dans la Vendée ou le Tarn-et-Garonne chargé de frais de transport assez considérables.

Il y avait en 1837 des fabriques de sucre dans 44 départements : 21 départements dans la zone du nord, 33 dans la zone moyenne et dans la zone du midi.

Supposez qu'après la régularisation de cette industrie, sa consolidation dans les localités favorables, et sa suppression dans les localités où elle ne s'est développée qu'à l'aide de la protection, elle ne reste plus répandue que dans 14 départements ; la concession est large, et il faut remarquer que ces départements ne seraient point nécessairement groupés dans le nord. Il faut reconnaître au moins trois grands centres pour l'industrie saccharine indigène :

1° La région du nord ;

2° La région au milieu de laquelle se trouvent les houillères de la Haute-Loire, et de laquelle dépendent le département de l'Isère qui comptait en 1837 13 fabriques en activité, plusieurs autres en construction, et le département du Puy-de-Dôme qui comptait 5 fabriques en activité, région traversée par le Rhône et ses affluents, aides puissants pour le transport des produits ;

3° Les régions de l'ouest qui avoisinent la mer et les houillères du bassin inférieur de la Loire, parmi lesquelles 6 départements déjà possèdent des manufactures de betteraves, où se trouvent des terres éminemment propres à cette culture, mais dont l'agriculture est aujourd'hui arriérée, régions voisines de la mer et traversées par de grands fleuves et de grandes rivières, situation favorable à l'arrivage des houilles et au transport des produits par le cabotage ou la navigation intérieure.

Mais de quelque manière que fussent groupés ces 14 départements, ils composeraient le 6e de la France, et compterait-on pour rien un progrès auquel participeraient directement ou indirectement 5,200 lieues carrées de pays, et 55,000 habitants; c'est-à-dire une portion de pays une fois et demie plus grande que la Belgique et la Hollande réunies et aussi peuplée, une portion de pays plus grande que tout le royaume de Portugal et une fois et demie plus peuplée. Je ne veux point parler ici de la grandeur et de la population de la Martinique ou de la Guadeloupe; j'aurais l'air de faire une mauvaise plaisanterie.

II. La fabrication indigène n'exerce point seulement son influence sur l'agriculture; cette influence est plus large, elle s'étend sur les classes ouvrières, les classes pauvres des campagnes.

Les salaires des ouvriers sont généralement faibles; et les mesures directes de la législation seront toujours impuissantes à les élever. L'augmentation des capitaux, l'augmentation dans la demande du travail, le nombre des ouvriers n'augmentant point, voilà les seuls moyens d'action.

Beaucoup d'hommes d'états et de journaliers dans les campagnes restent sans travail pendant l'hiver.

La filature à la main disparaît et laisse encore sans travail beaucoup de femmes.

L'action de ces trois causes amène dans les campagnes une grande misère, et pendant la mauvaise saison une mendicité toujours croissante.

Il fallait trouver une industrie qui fût un remède à ces trois causes : l'industrie saccharine a donné la solution du problème.

1° Elle a appelé les capitaux dans les campagnes. La demande du travail s'est fait sentir sur tous les points voisins des fabriques, directement pour les ouvriers employés à la fabrication du sucre, indirectement quant aux autres qui se trouvaient rester en moins grand nombre pour suffire aux anciens travaux. L'élévation naturelle des salaires est un fait qui n'est point contesté.

2° Les travaux de la fabrication sont activés surtout pendant l'hiver ; elle occupe alors les bras que l'agriculture laisse oisifs, les populations ouvrières dont les travaux sont forcément suspendus pendant la saison rigoureuse. On remarque en effet que les ouvriers employés sont généralement des maçons, tailleurs de pierre, journaliers ou hommes d'états forcés de rester inoccupés pendant l'hiver.

3° La culture de la betterave donne dans les premiers mois du printemps, à l'époque où les grands travaux des champs ne sont point encore repris, de nombreux travaux de sarclage qui occupent les femmes et les enfants.

La culture de la betterave amenant bientôt par l'exemple à la culture des plantes sarclées même dans les pays où il n'y aura pas de fabrique, de même que nous avons vu le Nord abandonner en partie la culture des colzas et faire bénéficier de cette culture le département de la Seine-Inférieure; ainsi, l'augmentation du travail des champs approprié aux forces physiques des femmes, se répandra sur une plus grande étendue de pays que les fabriques de betterave.

Donc là où les fabriques de betterave existeront :

Le salaire des ouvriers augmentera; les bras oisifs pendant l'hiver trouveront du travail; les femmes, qui perdent la filature à la main, trouveront au moins dans certains pays un dédommagement.

L'établissement de fabriques dans le Pas-de-Calais a fait disparaître la mendicité du pays; le fait était reconnu en 1837.

L'association fondée en Normandie par M. le prince de Monaco, pour l'extinction du paupérisme, a déjà obtenu les plus heureux résultats dus à l'introduction des cultures sarclées, selon le rapport de M. Charles Lucas à l'Académie des sciences morales et politiques.

« C'est qu'en effet, les améliorations agricoles ont cela d'heureux, qu'en augmentant le produit brut, elles nécessitent un grand accroissement dans les frais de culture, et qu'ainsi la plus forte partie de la plus value, profite à la classe ouvrière (1). »

M. Vuitry faisait en 1837 ce raisonnement :

250,000 hectares cultivés en betteraves pour le sucre coûteraient, à raison de 170 fr. par hectare, 42,500,000 fr. Si l'on retranche les façons de charrue et tout le travail auquel les chevaux participent pour ne prendre que la main d'œuvre qu'on peut appeler spéciale, comme sarclage, binage, arrachage, mise en silos, etc.; ce sera à raison de 100 fr. par hectare,

(1) M. Vuitry; discussion de 1837.

prix des localités où il est le plus bas au total de 25,000,000 fr.

La main d'œuvre de fabrication de 250,000,000 kil. de sucre à 11 cent. le kilogramme, suivant M. Dumas, donnerait d'ailleurs 27,000,000; ce serait donc un total de 52,000,000 que la fabrication du sucre répandrait dans la classe ouvrière et principalement dans des campagnes.

Quoi qu'il en soit de l'avenir, le chiffre de 250,000,000 kil. pris par M. Vuitry, restera pour longtemps exagéré; mais cependant on peut comprendre quelle heureuse influence cette industrie nouvelle est appelée à exercer.

Et que d'autres travaux accessoires! Que d'industries auxiliaires sont indirectement stimulées!

Selon M. de Morogues, qui prenait à témoin les renseignements officiels donnés par le préfet du Nord, une foule de fabriques nouvelles s'élevaient dans les villes à la suite des fabriques de sucre des campagnes; les raffineurs, les brûleurs d'os, les tuiliers, les potiers, les fondeurs, les tourneurs en cuivre, les mécaniciens, les extracteurs de houilles, les fabricants de machines à vapeur avaient obtenu un grand surcroît de travail, et leur aisance se répercutait sur tous les autres artisans; de 1831 à 1836, 335 machines à vapeur s'étaient élevées; et tout cela, grâce à la nouvelle fabrication du sucre indigène, et dans un seul de nos départements.

Je terminerai cette partie de la discussion par une dernière considération : nos industries manufacturières sont trop concentrées dans les villes. Les grandes agglomérations d'ouvriers qu'elles nécessitent donnent une malheureuse prise à la contagion de l'immoralité privée, et quelquefois aux instincts de désordre contre la paix publique.

D'autre part, les procédés industriels, surtout ceux dont l'application demande un certain emploi d'intelligence, développent les facultés des ouvriers plus que ne le peuvent faire les travaux routiniers des champs; de là bientôt un double mal : désaccord entre la civilisation des villes et celle des campagnes; et bientôt, comme suite naturelle, dédain des ouvriers des villes pour les habitants des campagnes, et tendance des habitants des campagnes, dès qu'ils acquièrent un peu d'instruction, à s'aller jeter dans les villes d'où ils ne reviennent plus.

L'industrie saccharine, travaillant une matière de grand encombrement, soit qu'elle cultive la betterave, ou l'achète toute produite, sera forcément obligée de construire ses établissements principaux au milieu des lieux de production; industrie non pas agricole, mais manufacturière ne pouvant s'exercer qu'au milieu des campagnes. Ce sera un commencement de désagglomération industrielle.

Les ouvriers des fabriques rurales se disséminant après leur journée de travail pour retourner dans leur famille, et se trouvant d'ailleurs plus isolés, moins exposés à des tentations de toute sorte, seront moins accessibles que ceux des villes à la contagion corruptrice, et retiendront mieux les habitudes de paix, l'esprit d'ordre et d'économie.

Enfin l'intelligence sera descendue dans les campagnes. Les procédés industriels se développeront sous leurs yeux; les machines éveilleront leur curiosité.

Les fabricants, les chefs d'atelier, les mécaniciens instruits, constamment en rapport avec cette population d'ouvriers secondaires, mettront parmi eux en circulation une foule d'idées nouvelles ; et dans l'intelligence les idées se fécondent les unes les autres, et là encore il n'y a point de petits progrès.

Si la fabrique cultive elle-même, sa culture sera comme une ferme modèle. Si elle ne cultive pas, le fabricant sera toujours porté d'ailleurs à suivre le progrès de la culture des betteraves dans le pays, à donner d'utiles conseils aux fermiers, pour améliorer, pour arriver à un minimum de frais et un maximum de récolte, progrès à la fois profitable au fermier qui relativement vendra plus cher, et au fabricant qui absolument achètera moins cher.

Les fabriques seront pour les campagnes un foyer d'instruction pratique. Elles seront le lien entre la civilisation des villes et celle des campagnes. Elles relèveront l'agriculteur en procurant son amélioration intellectuelle ; elles l'attacheront au sol par les avantages nouveaux d'une culture progressive ; elles contrarieront sa tendance à se réfugier dans les villes, appelant au contraire des villes dans les campagnes un certain nombre d'ouvriers, et, par exemple, précisément la partie supérieure de l'atelier.

Ainsi donc la part faite aux exagérations de détail, il reste à la fabrication indigène de grands avantages, de belles espérances, et une influence incontestable sur les progrès de l'agriculture et l'amélioration du sort des classes ouvrières.

La substitution du sucre de betterave au sucre de canne améliore à la fois le sort de notre population ouvrière libre, et celui de la population ouvrière esclave des colonies. Nos ouvriers ont du travail de plus, les esclaves des douleurs de moins, et leur affranchissement deviendra moins difficile aux colonies à mesure que la culture de la canne y décroîtra.

En présence de tous ces avantages généraux, qu'importent maintenant quelques petits faits de pertubations locales, dues, non à l'industrie régulière, mais à sa surexcitation sur quelques points; non à l'industrie, mais à l'ancienne exagération de protection.

Je ne m'arrêterai point non plus à calculer les augmentations ou diminutions relatives des produits indirects dans le nord depuis cinq années; quel argument un peu général tirer d'un si court délai, sur un espace si restreint? Les mandataires de la betterave prétendent qu'il y a augmentation : cela est possible, mais comment distinguer la part précise de l'industrie nouvelle dans cette augmentation sur laquelle peuvent influer tant d'autres circonstances?

Les ennemis de la betterave pensent qu'il y a diminution; mais je conçois moins facilement comment la culture de la betterave pourrait faire que l'on consommât par exemple moins de sel, de vin, de tabac ou objets payant des droits de douanes. Ce serait au reste une question de chiffres à vérifier; mais de là aucun argument général à tirer.

Je n'examinerai point non plus si depuis cinq ans la population a plus augmenté dans le nord ou le département du Finistère; car depuis cinq ans quel résultat un peu général la betterave eût-elle pu produire? Et d'ailleurs les économistes ne voient-ils pas avec chagrin l'augmentation trop rapide des populations; ne comparent-ils point avec l'Irlande, si peuplée et si misérable, la Normandie, par exemple, où la population a relativement peu augmenté depuis vingt ans, et qui est une des contrées les plus progressivement prospères; ne disent-ils pas avec raison : Avant de créer des bras nouveaux, créez du travail pour ceux qui mendient.

Enfin, indépendamment des avantages généraux que nous avons signalés, la fabrication indigène a produit ce bien qu'il ne faut point perdre de vue : La consommation du sucre tendait à s'accroître plus vite que la production coloniale, et la production ne pouvait s'accroître qu'en forçant les vieilles cultures et défrichant de plus mauvais terrains encore. Le prix du sucre eût augmenté sous l'influence de ces deux causes. La concurrence de la betterave a empêché cette hausse et produit une baisse favorable aux nombreux consommateurs.

Et ainsi cette concurrence, comme nous l'avons déjà indiqué, a forcé les colonies à baisser leur prix de revient, appelé l'attention sur les vices du système colonial, facilité sa suppression.

§ II.

De la fabrication indigène dans ses rapports avec les colonies, sous le point de vue du commerce général, du trésor, de la marine et de la politique.

Lorsque nous avons examiné sous ces quatre points de vue la question coloniale, nous avons raisonné comme si le sucre de betterave n'eût point existé.

Rapprochons maintenant cette nouvelle industrie, du commerce général, du trésor et de la marine; et réfléchissons.

I. *Du sucre indigène par rapport au commerce général.*

Supposons que les colonies ne produisent plus de sucre, ou en produisent beaucoup moins, le développement de leurs autres cultures pouvant rétablir leur ancienne prospérité, leurs besoins, et alors leurs moyens d'y satisfaire n'étant point diminués, nous continuerions de leur fournir ce qu'elles consomment aujourd'hui. Donc, point de diminution dans cette partie du commerce extérieur, et la fabrication indigène amenant d'ailleurs un accroissement dans le commerce intérieur, ce serait tout profit pour la France.

Si nous supposons les colonies appauvries par la perte ou la décadence de leur industrie saccharine, ce que nous leur vendrons de moins, nous le vendrons de plus aux populations françaises enrichies par la fabrication indigène.

Si nous supposons les colonies recevant par compensation une forte diminution de l'exclusif colonial, elles prendront dès lors à l'étranger une partie de leurs objets de consommation; mais nous avons vu que le lien de l'exclusif nous était nuisible autant qu'aux colonies; le relâcher pour elles, c'est aussi le relâcher pour nous : ce qui leur serait profitable nous le serait également; donc nous n'avons point à chercher ici de compensation pour un dommage qui n'existerait point.

Et cependant pour préciser nous dirons : la diminution de l'exclusif colonial amenant un accroissement naturel de relations avec l'étranger, et par suite un accroissement du commerce extérieur, la compensation générale s'établirait ainsi; et en outre ce que nos fabricants vendraient de moins aux colons, ils le vendraient de plus aux populations françaises enrichies par la culture de la betterave.

En résumé, à la substitution du sucre indigène au sucre colonial probablement le commerce extérieur ne perdrait rien, et en tout cas, ce qu'il pourrait perdre, le commerce intérieur le regagnerait; et comme ce sont des fabricants français qui fournissent à l'un ou à l'autre commerce, la masse du pays n'y perdrait rien.

Examinons un nouveau point de vue. Supposons que les colons cessent de produire le sucre, et que nous cessions de leur vendre l'équivalent, perte absolue.

Nous recevons des colonies soit pour 35,000,000 de francs de sucre, que nous payons en envoyant 35,000,000 de nos produits. Pour créer ces 35,000,000 d'objets d'exportation, nous employons un capital industriel soit de 700,000,000.

Mais employer un capital de 700,000,000 à produire 35,000,000 de marchandises dont nous n'avons pas besoin, et que nous ne produisons que pour les échanger contre 35,000,000 de sucre; cela revient à dire que nous employons ce capital de 700,000,000 à nous procurer indirectement du sucre.

N'achetons plus des colonies; ne leur vendons plus. Engageons la moitié de notre capital, soit 350,000,000 de plus, dans la fabrication indigène, et elle nous donnera directement sur le sol français tout le sucre que nous n'obtenons qu'indirectement, et au loin, par l'emploi de notre capital tout entier, avec augmentation de faux frais et de coût de transport.

Et quant à l'autre moitié du capital, soit 350 autres millions, ils se répandront sur d'autres industries qui en ont besoin, qui, fécondées par ces millions, prendront un élan rapide, et qui, pouvant désormais fournir leurs produits à meilleur marché que lorsqu'elles manquaient de capitaux ou n'en trouvaient qu'à un taux excessif, pourront dès lors, vu ce bon marché, trouver à l'étranger des occasions de placement.

Ainsi le même capital aura été employé, le même besoin de sucre, but final de cet emploi, aura été satisfait; et de plus, on aura satisfait aussi le besoin de capitaux éprouvé par beaucoup d'autres industries.

Ainsi l'accroissement du commerce intérieur aurait compensé la diminution du commerce colonial.

Et l'amélioration des prix de revient pour beaucoup d'industries françaises donnerait impulsion au commerce extérieur, parce que :

1° Produisant à meilleur marché, nous trouverions des débouchés.

2° Nous pourrions alors diminuer les droits protecteurs sur beaucoup d'articles étrangers, et obtenir par là que l'étranger diminuât les siens sur beaucoup des nôtres.

3° La diminution de l'exclusif colonial qui revient à la suite de toutes mes idées, et que fait désirer davantage encore l'existence de la betterave, serait encore ultérieurement utile au développement de notre commerce extérieur.

Ceux qui ne sont point accoutumés à ces généralisations économiques peuvent être surpris de semblables résultats; et cependant, si l'on veut comprendre et saisir l'intérêt général de la France, il faut juger par résultats d'ensemble.

Un fabricant perd, deux autres gagnent : celui qui perd se plaint, cela est naturel ; mais en quoi cela intéresse-t-il la masse du pays ?

Qu'il y ait déplacement de capitaux, chute de quelques industries, progrès de certaines autres, tous ces mouvements, ces oscillations, ces transformations peuvent nuire à beaucoup d'intérêts privés, peuvent ruiner quelques-uns; c'est alors le devoir d'une politique sage et humaine de ménager prudemment les transitions.

Mais au-dessus de quelques souffrances privées, les intérêts généraux du pays sont à couvert, sa prospérité reçoit une vive impulsion.

J'ai raisonné au reste dans une hypothèse dont la sévérité ne se réalisera jamais tout entière. Il est évident que dussent les colonies ne plus nous fournir un seul kil. de sucre, et recevoir même l'affranchissement commercial absolu, elles demanderaient encore à notre production métropolitaine plus de la moitié de leurs objets de consommation.

Et cela par la raison toute simple qui fait que Saint-Domingue, quoique entourée d'îles anglaises, et que Maurice, depuis vingt ans devenue terre anglaise, et *inondée*, comme on dit, de produits anglais, n'en ont pas moins continué de recevoir de l'industrie française une partie de leurs objets de consommation, par suite d'habitudes qu'on ne change point subitement, parce qu'il y a un grand nombre de nos produits que nous donnons à aussi bon marché que les autres peuples, parce que nous faisons beaucoup de choses de luxe que les industries étrangères ne pourraient produire aussi bien, et qu'on vient acheter chez nous indépendamment du bon marché, mais dans une vue de mode ou à cause de la supériorité d'exécution.

Notre industrie générale est faible, mais il ne faut point exagérer ses abaissements ; toutes ses branches ne sont point étiolées. Notre tort est de vouloir faire rivaliser avec les fortes industries étrangères celles de nos industries qui sont impuissantes, au lieu de porter tous nos soins à développer celles qui chez nous sont vivaces et auxquelles l'étranger n'atteint point.

Quand donc les nations appliqueront-elles dans leurs productions réciproques le principe de la division du travail, si fécond déjà pour l'industrie intérieure des états?

II. *De la betterave sous le point de vue financier.*

Les quantités de sucre de betterave produites avant 1831 sont assez insignifiantes pour que nous puissions les négliger, afin de ne point trop compliquer notre raisonnement.

La récolte du sucre indigène a été :

En 1831	—	9,000,000 kil.
1832	—	12,000,000
1833	—	19,000,000
1834	—	26,000,000
1835	—	38,000,000
1836	—	49,000,000
1837	—	50,000,000
1838	—	50,000,000
		253,000,000 kil.

sur lesquels l'État, dit-on, n'ayant point perçu les droits de 49,50, s'est trouvé ne pas gagner 125,235,000 fr., qu'il eût gagnés s'il eût reçu la même quantité de sucre colonial. D'après ce raisonnement, dans le cours de ces huit années, le trésor aurait souffert une perte moyenne annuelle d'environ 15,000,000 fr.

Mais il faut remarquer que si le sucre indigène n'eût point existé, l'énorme abaissement de prix survenu depuis six années ne se fût point réalisé, la consommation n'aurait point si rapidement augmenté, 253 millions de sucre indigène n'auraient point été remplacés dans le cours de ces huit années par 253 millions de sucre colonial.

Il est donc faux de dire que le trésor a perdu 125 millions, puisqu'il n'y eût point eu lieu pour lui de les percevoir.

La consommation eût pu augmenter, mais n'eût point passé dans ces huit années de 80 à 116,000,000. Le sucre colonial eût pu fournir davantage, mais pas 253 millions de plus en huit ans, et ainsi une perte, en moins percevant, eût pu exister pour le trésor, mais bien moindre que 125 millions.

Au reste, tenons pour constante cette perte de 125 millions, et supposons qu'en tout cas la consommation de la France eût été pour chaque année ce qu'elle a été.

Voyons alors, et par conséquent sur les mêmes bases, ce que le sucre de betterave a épargné au consommateur en déterminant la baisse des prix.

De 1828 à 1830 et en 1832, le prix du sucre, au Havre, droit acquitté, s'est tenu en moyenne de 139 à 142 fr. Entre 1830 et 1832, il y a eu une baisse momentanée causée par le contre-coup de la révolution de juillet, la concurrence de la betterave se faisant bien peu sentir encore. Mais de 1833 à 1839, la baisse énorme, constante, régulière, n'a pu être attribuée qu'à la concurrence de plus en plus vive du sucre indigène.

A la fin de 1832, le sucre valait au Havre 151 fr. C'était une réaction de hausse; il retomba bientôt dans le cours de 140 fr., prix moyen des trois dernières années de la Restauration.

De peur d'exagération, nous ne prendrons point le chiffre de 151, mais seulement celui de 140, pour base de notre calcul.

PRIX DU SUCRE POUR 100 KIL. DROIT ACQUITTÉ. (COURS DU HAVRE.)				Baisse sur les prix de 1833, qui doit être attribuée à la concurrence du sucre indigène.	SUR UNE CONSOMMATION TOTALE DE :			Fait pour le consommateur une épargne de :
			fr. c.	fr. c.			kil.	fr.
1833	Comm^t. de 1833. Fin 1833.	140 137 50	Prix moyen 138 75	1 25	Récolte indigène de 1832. Mise en consommation du sucre colonial en 1833.	12,000,000 70,000,000	82,000,000	1,025,000
1834	Fin 1833. Fin 1834.	137 50 132	Prix moyen 134 75	5 25	Récolte indigène de 1833. Mise en consommation du sucre colonial en 1834.	19,000,000 67,000,000	86,000,000	4,515,000
1835	Fin 1834. Fin 1835.	132 130	Prix moyen 131	9	Récolte indigène de 1834. Mise en consommation du sucre colonial en 1835.	26,000,000 69,000,000	95,000,000	8,550,000
1830	Fin 1835. Fin 1836.	130 130	Prix moyen 130	10	Récolte indigène de 1835. Mise en consommation du sucre colonial en 1836.	38,000,000 66,000,000	104,000,000	10,400,000
1837	Fin 1836. Fin 1837.	130 125	Prix moyen 127 50	12 50	Récolte indigène de 1836. Mise en consommation du sucre colonial en 1837.	49,000,000 66,000,000	115,000,000	14,375,000
1838	Fin 1837. Fin 1838.	125 108	Prix moyen 116 50	23 50	Récolte indigène de 1837. Mise en consommation du sucre colonial en 1838.	50,000,000 68,000,000	118,000,000	27,730,000
1er sem. 1839	Fin 1838. Fin 1er sem 1839.	108 110	Prix moyen 109	31	Soit consommé ½ de la récolte indigène de 1838. Et ½ de la mise en consommation ordinaire du sucre colonial.	25,000,000 33,000,000	58,000,000	17,980,000
					Total de l'épargne faite pendant 6 ans et demi par le consommateur. . . .			84,575,000

En résumé, le trésor, dans le cours de ces huit dernières années, aurait perdu 125,000,000, c'est-à dire plus de 15,000,000 par an, et le consommateur, dans le cours des six dernières années et demie, aurait épargné 84,575,000, c'est-à-dire plus de 13,000,000 par an. Le consommateur gagnait donc presque tout ce que le trésor perdait. La bourse privée des citoyens dépensait de moins ce que la caisse de l'État recevait de moins.

Nous avons vu comment la protection donnée au sucre colonial contre le sucre étranger faisait perdre au trésor des dizaine et vingtaine de millions, et privait le consommateur de quinzaine et quarantaine de millions de kil. de plus, qu'à prix égal il eût reçus de l'étranger, sacrifices qui s'additionnent l'un à l'autre.

Dans ces dernières années, le sucre indigène faisait perdre au trésor 15,000,000 fr., et bénéficiait au consommateur 13,000,000 fr., résultats qui se neutralisent presque l'un et l'autre.

Voilà pour le passé, voyons à l'avenir.

Le gouvernement déclare dans l'exposé des motifs qu'il faudra en venir à un droit uniforme de 30 fr. sur les deux fabrications rivales. J'adopte ce chiffre, et même j'effacerais le décime.

Outre la baisse produite par la concurrence des deux sucres, il y aurait la baisse produite par cette diminution de 19,50 d'impôt sur 100 kil., c'est-à-dire des $\frac{2}{5}$ de l'impôt. La consommation tendrait donc à s'augmenter rapidement.

Sous l'action de la seule concurrence, en six années, de 1832 à 1838, la consommation a passé de 80 à 116 millions, augmentation de $\frac{36}{80}$ ou presque de $\frac{1}{2}$.

Sous les influences réunies de la concurrence et de la baisse d'impôt, la consommation pourrait facilement passer en quelques années de 116 à 150 millions, augmentation de $\frac{34}{116}$ ou de bien moins du $\frac{1}{3}$, mais plus que $\frac{1}{4}$.

Je ne fais point là de calcul exagéré, je ne porte point mes conjectures vers l'époque où chaque citoyen pourra, en France comme en Angleterre, consommer en moyenne 10 kil. par an.

Je raisonne à quelques années de distance, et en prenant pour base une consommation probable de 150,000,000 kil. je reste bien modéré.

Ces 150,000,000 kilog. sans distinction d'origine, payant alors le droit uniforme de 30 fr., donneraient au trésor 45,000,000;

C'est-à-dire par année 20,000,000 de plus que la moyenne de l'impôt perçu en 10 ans, de 1826 à 1836, sur tous les sucres coloniaux ou étrangers mis en consommation,

Et 13,000,000 de plus que dans l'année de plus forte recette,

Et 26,000,000 de plus que dans cette année 1828, où le sucre de betterave était encore inaperçu, même des colonies (1).

Voilà donc l'influence de la fabrication indigène

(1) De 1826 à 1836, la moyenne des droits perçus à l'importation des sucres s'est élevée, pour chaque année, à 34,000,000 fr., sur lesquels 9,000,000 en moyenne ont été restitués à la réexportation. Reste net au trésor 25,000,000 fr. seulement.

L'année de plus forte recette nette a été 1834. Perçu

sur la caisse du trésor et sur la bourse du consommateur.

Pour le passé : le trésor a perdu, le consommateur a gagné presque tout ce que le trésor a perdu.

Pour l'avenir : le trésor recouvrera bientôt ce qu'il a perdu, et gagnera ensuite beaucoup plus qu'il n'a jamais gagné; le consommateur de son côté gagnera beaucoup plus encore qu'il n'a déjà gagné; et indéfiniment pour ces deux bénéfices du trésor et du consommateur, à mesure que les prix baisseront et que la consommation augmentera.

III. *De la fabrication indigène par rapport à la marine.*

Si, au lieu de tirer notre sucre des colonies françaises, nous l'avions tiré de l'étranger, disions-nous au chapitre premier, nos vaisseaux conservant ce transport, la navigation n'eût rien perdu.

Mais si au lieu de tirer le sucre des colonies nous le faisons croître chez nous, il est clair que la navigation n'a plus cette denrée à transporter. Quelle est l'étendue de cette perte?

D'abord nous avons prouvé,

1° Combien il fallait réduire la place occupée dans notre navigation générale par toute la navigation coloniale;

35,620,000 fr., restitué un peu moins de 4,000,000 ; reste un peu plus de 31 millions ½.

En 1838, perçu 25 millions, restitué plus de 6 millions ; reste moins de 19 millions.

2° Que la navigation générale tendait à s'accroître, et que la navigation coloniale restait stationnaire;

3° Que les seuls accroissements de notre navigation générale depuis 10 ans auraient suffi pour compenser, et par delà, la perte absolue de toute la navigation coloniale, en supposant même que nous n'eussions reporté ailleurs pas un centime du commerce fait avec les colonies.

Ainsi la perte totale de la navigation coloniale n'aurait point été pour nous une plaie incurable.

Or, il ne s'agit maintenant que d'une diminution de cette navigation, car,

1° Nous gardons nos colonies;

2° Elles continueront de nous envoyer tout ce qu'elles nous envoyaient de denrées autres que le sucre;

3° Si elles produisent moins de sucre, elles produiront davantage d'autres denrées que nous aurons à transporter, mais, il est vrai, de moins grand encombrement;

4° Lors même qu'elles recevraient l'affranchissement commercial, elles continueraient de prendre chez nous la plus grande partie des objets nécessaires à leurs besoins;

5° Lors même qu'elles tireraient de l'étranger tout ce qui leur est nécessaire, nous pourrions protéger la marine française par des droits différentiels.

Ainsi la perte totale de la navigation coloniale n'eût point été une cause de ruine; que dire d'une simple diminution qui sera peu sensible d'abord, et bientôt couverte par l'accroissement de notre commerce général?

Nous avons montré que la fabrication indigène, en accroissant le commerce intérieur, ne nuirait point au commerce extérieur, et que la suppression de l'exclusif colonial accroîtrait ce commerce extérieur, qui alimente la navigation.

Enfin, supposons que l'industrie betteravière puisse porter à notre navigation générale et, par suite, à notre marine militaire, un dommage appréciable.

Nous avons prouvé qu'elle pourrait valoir au trésor, après quelques années, une augmentation de revenu de près de 20,000,000. Or, les énormes avantages réalisés pour l'agriculture, pour les classes ouvrières et pour le consommateur restant, une partie de ce surcroît de recettes de 20,000,000 pourrait être directement appliqué à l'extension de notre marine militaire, qui en recevrait un bien autre élan que celui qu'elle peut recevoir indirectement de 100 ou 200 navires et de quelques milliers de marins qu'occuperait de moins la navigation coloniale.

La navigation, comme toutes les autres industries, doit suivre les variations générales du commerce dans ses diverses branches. Tous les intérêts doivent se balancer les uns par les autres. Ceux qui jugeraient préférable d'acheter le sucre colonial, fût-il plus cher que le sucre indigène, mais afin que notre marine eût à transporter des colonies en France cette matière de grand encombrement plutôt que des matières moins encombrantes, me rappellent toujours ces Portugais qui voulaient qu'on détournât le cours du Nil, de peur qu'on ne s'en servît pour ouvrir une route directe avec les Indes.

IV. *De la betterave par rapport aux colonies sous le point de vue politique.*

J'aurai peu de chose à dire à cet égard.

Que nos colonies produisent du coton, du café ou du sucre, leur possession présentera la même utilité pour notre puissance politique.

La betterave, ayant été occasion et motif de plus pour diminuer l'exclusif colonial, aura précisément ainsi contribué à cette transformation des colonies en entrepôts, comptoirs ou marchés, en centres de relations sur les mers éloignées, entre nous et les peuples étrangers du Nouveau-Monde, transformation si nécessaire à notre politique commerciale.

En temps de guerre maritime, nous aurons cet avantage de posséder chez nous le sucre indigène, ce qui évitera une double perturbation :

1° Dans les habitudes et les besoins du consommateur ;

2° Dans les recettes du trésor.

Le ministre des finances ne sera point fâché d'avoir sous sa main, à l'abri des chances de la guerre, cette poule aux œufs d'or et ses 40 ou 50 millions, plutôt que de la savoir au fond de l'Océan, bloquée et prisonnière.

Enfin, toute l'Europe produit du sucre de betterave ; nous qui avons créé l'industrie, nous ne devons point nous laisser dépasser. Quand nous voulons, bon gré mal gré, faire vivre à grands frais des industries étrangères, il y aurait faute politique, dommage économique et bizarrerie à chasser de chez nous à l'étranger une industrie toute française.

§ III.

Mesures à prendre à l'égard du sucre indigène.

Jusqu'ici nous avons montré pour la fabrication indigène assez de sympathie ; nous ne serons donc point soupçonné de malveillance si nous disons maintenant quelques paroles sévères.

Cette industrie a une tache.

Elle s'est développée sous une protection exagérée :

1° Toute la protection qui séparait le sucre colonial du sucre étranger ;

2° Toute la protection qui se trouvait entre l'immunité d'impôt et l'impôt sur le sucre colonial.

Outre ce raisonnement absolu, le développement excessif et subit de cette industrie dans les dix dernières années prouverait encore relativement qu'elle a dû être démesurément protégée.

De là une double difficulté :

1° Le sucre indigène s'est brusquement substitué au sucre colonial, sans laisser aux colonies, l'eussent-elles voulu, le temps de se préparer à ce grand changement par la modification de leurs cultures ;

2° L'industrie indigène s'est elle-même surexcitée en France.

Beaucoup de fabriques sont en progrès, font des bénéfices certains, et bientôt pourront se passer de protection ; mais, en face d'elles, beaucoup d'autres fabriques se sont établies dans des localités défavorables sous le rapport de la qualité des terres, de la cherté du combustible ou des transports. Celles-là ne font point de gros bénéfices, ne vivent et ne pourraient jamais vivre qu'à l'abri de la protection.

Alors, si la culture de la canne était devancée, si la moitié des fabriques françaises pouvaient largement et à conditions égales soutenir la concurrence des colonies, l'autre moitié des fabriques françaises, qui ne pourraient soutenir la concurrence de celles bien établies, seraient brusquement tuées, à moins qu'on ne créât des protections de province à province, ce qui ne viendrait à la pensée de personne.

Donc, cela est certain, le jour où la portion viable de l'industrie indigène n'aura plus besoin de protection contre les colonies, la portion factice de cette industrie sera violemment étouffée.

C'est une perturbation fâcheuse qu'il faut prévoir, une crise dont il faut prévenir le germe.

La culture de la betterave s'est trop vite étendue. Comme la culture de la canne, et par les mêmes causes, elle s'est portée même dans les localités défavorables; elle s'est développée en partie non au moyen de capitaux résultant de ses bénéfices propres, mais au moyen de capitaux d'emprunt, dont beaucoup ne sont point rendus. Comme aux colonies, on a cru qu'il suffisait, pour faire sa fortune, de bâtir une sucrerie et d'acheter au double ou quadruple la terre qu'il fallait.

Comme aux colonies, on s'est inquiété du bénéfice et non des chiffres bruts; on a multiplié les produits en vue d'un profit présent, avant d'avoir assuré l'avenir par l'abaissement du prix de revient; on a vécu comme si la protection eût dû être éternelle.

Et pourtant, depuis dix années, les avertissements n'ont point manqué; mais aujourd'hui, au milieu de la fièvre industrielle, de la témérité des spéculations, de l'imprévoyance de l'avenir, l'industrie n'écoute plus que les avertissements écrits et sanctionnés par la loi.

L'impôt de 5 fr. demandé par M. d'Argout en

1833, eût produit plus d'effet que tous les avertissements répandus avec profusion.

L'impôt une fois placé, eût été augmenté facilement d'années en années ; il eût été possible d'arriver en 1839 à la taxe de 20 ou 25 fr.

Probablement beaucoup des trois ou quatre cents fabriques nouvelles établies depuis 1833 ne se seraient point fondées. Les bonnes fabriques auraient amélioré leur prix de revient, et d'abord par la moins grande concurrence auraient loué moins cher leurs terres et acheté moins cher leurs fumiers.

Et aujourd'hui qu'il faut faire un nouveau pas et rapprocher encore les conditions des deux fabrications rivales, la souffrance de l'industrie betteravière ne porterait pas sur un aussi grand nombre de personnes, et pour chacune elle serait moins forte.

Mais on parla de l'insignifiance de cet impôt de 5 fr. pour le trésor, sans penser à l'immense résultat qui eût été produit.

On parla de la gêne qui en résulterait pour l'industrie naissante, sans considérer que cette gêne salutaire devait précisément la garantir des perturbations qui lui sont venues.

Et on attendit. Le jour où l'on avisa, il se trouvait trop d'intérêts engagés dans une mauvaise voie. La souffrance s'est appesantie sur beaucoup de personnes, et beaucoup de souffrance sur chacune.

Est-ce une raison pour attendre encore ? non : plus on attendra, plus les difficultés croîtront.

L'industrie indigène doit arriver à payer le même impôt que le sucre colonial, quel que soit le chiffre de cet impôt. Les protections exagérées n'ont que trop favorisé son développement immodéré ; ces protections doivent diminuer d'une manière continue jusqu'au rétablissement de l'équilibre.

Les fabricants d'ailleurs garderont toujours cette protection qui résultera de la nécessaire différence des frais de transports. Mais de quel droit demanderaient-ils indéfiniment les taxes différentielles ?

Nous avons vu les fâcheux effets produits à l'égard des colonies et de la France par la protection donnée au sucre colonial contre le sucre étranger. Ces mêmes effets se reproduiraient pour la France par la persistance de protection à l'égard du sucre indigène contre le sucre colonial.

J'ajouterai : la protection donnée au sucre colonial contre le sucre étranger était mauvaise ; la protection donnée au sucre des départements français contre le sucre des colonies françaises serait mauvaise et inique.

Il faut que la production indigène se règle et se restreigne là où elle pourra se faire à bon marché. Lors même que les colonies seraient tuées, la fabrication française aurait encore à se régler et à se restreindre dans les localités favorables. Il faut qu'elle le fasse dès à présent progressivement, pour n'avoir point à le supporter un jour brusquement.

Il faut qu'elle se restreigne; et si un jour elle doit atteindre ou devancer l'industrie coloniale, ce résultat plus lent et disputé aura été produit sans encombrement, sans secousse. Il faut qu'elle se règle et travaille surtout à l'amélioration de son prix de revient, afin qu'en dehors même de la concurrence des colonies nous ne soyons point obligés de la protéger un jour contre les sucres de l'Allemagne.

Depuis la loi de 1837, bien des souffrances se sont déjà produites. Elles devaient se produire tôt ou tard; plus tôt elles seront venues, moins elles auront été fortes.

Beaucoup de fabriques devaient s'établir, et la seule menace d'un impôt quelconque a suffi pour arrêter ces projets : tant mieux! Dans l'état actuel de l'industrie, qu'attendre d'une fabrique qui n'aurait pu exister sans la protection indéfinie de 49 fr. 50 par 100 k., c'est-à-dire d'environ 100 pour cent de la valeur du produit!

Depuis la même loi beaucoup de fabriques se sont fermées. Je sympathise aux douleurs des industriels, j'en suis ému; mais je prends le fait en lui-même et d'une manière générale, et je dis encore : tant mieux!

Car celles-là seulement seront tombées qui ne se trouvaient point dans des conditions à pouvoir supporter la concurrence même des autres fabriques indigènes après l'exclusion complète du sucre colonial, ou même au jour de la concurrence égale des deux industries. Autant valait-il alors qu'elles fissent dès à présent leur liquidation, supportant une perte médiocre aujourd'hui pour n'avoir point à en supporter une grande plus tard.

Il faut faire un nouveau pas; il faut faire encore sentir à l'industrie l'aiguillon du législateur. La situation des colonies trop brusquement compromises nous en fait d'ailleurs un devoir.

Les fabricants qui sont dans de bonnes conditions traverseront cet orage, et jouiront ensuite d'une santé robuste à l'abri du caprice ou des mauvais vouloirs. Beaucoup d'entre eux pourront même se résigner à des pertes momentanées, sûrs de trouver après la fin de la crise une riche compensation.

« (1) Car souvent une secousse qu'on croit devoir être dommageable à l'industrie, ne fait que nuire à une partie des industriels et devient pour les autres la cause de profits réalisés, plus tard. Les établissements mal placés, mal dirigés tombent, les autres prospèrent davantage. C'est une leçon dont profite l'industrie prise en masse. . . . C'est, avant tout, le savoir et l'intelligence des industriels qui font prospérer l'industrie. Quand une crise a passé, elle amène la prudence; les industriels ne s'engagent qu'avec précaution; ils recourent aux procédés meilleurs; et l'industrie devenant plus habile, reprend sa course ascendante avec une rapidité qu'elle n'avait pas auparavant. »

Et c'est précisément parce que la fabrication indigène a déjà beaucoup souffert qu'il ne faut point arrêter sa souffrance, et nous dirons pour elle ce que nous avons dit pour les colonies : il faut qu'elle achève de souffrir, afin qu'on ne perde point le profit des maux déjà traversés, afin qu'on ne soit point obligé de recommencer dans quelques années pareille crise tout entière.

Continuons de protéger encore le sucre indigène pour laisser aux fabricants téméraires le temps de dégager leurs capitaux, aux fabricants bien placés le temps de porter à l'amélioration du prix de revient tout le zèle qu'ils ont déployé pour étendre leurs récoltes.

Continuons de protéger le sucre indigène assez pour que l'industrie puisse se régler, pas assez pour que sa surexcitation soit encouragée.

---

(1) M. Passy, 1837.

Et qu'elle se sente d'ailleurs pressée par cette volonté ferme du législateur d'arriver bientôt à l'équilibre des droits.

L'industrie indigène et l'industrie coloniale souffrent toutes deux, parce que toutes deux, trop protégées, ont substitué à leur développement régulier un développement factice.

Sans cette protection, elles auraient fait toutes deux en amélioration les progrès qu'elles ont principalement faits en étendue; au lieu de s'épancher à la surface, elles auraient creusé de profondes racines, elles n'auraient étendu leur production et l'offre du produit qu'après avoir, par l'abaissement du prix de revient, donné lieu de s'étendre à la demande de ce même produit; elles auraient fait de moins gros bénéfices momentanés, plus de bénéfices durables; elles ne succomberaient point toutes deux aux souffrances qu'elles s'accusent de se faire l'une à l'autre, et que les protections seules ont faites pour toutes deux.

Chaque nation use des dons que la providence a mis sous sa main.

On fera toujours du sucre de canne entre les tropiques; on fera toujours du sucre de betterave en Europe et dans les pays du nord.

Mais la canne a d'immenses débouchés à perdre et doit travailler de jour en jour à se restreindre; la betterave a d'immenses besoins à satisfaire en Europe, et par suite une fois régularisée, de grands développements à prendre pour l'avenir; mais aujourd'hui, et en ce qui regarde la France, dans la situation respective des deux industries, pour elles deux il y a un remède commun.

Beaucoup disent : Si vous faites du bien à l'un vous tuez l'autre; mais nous pensons que toutes deux ayant souffert par les mêmes causes, ont besoin du même remède.

Disons donc pour les deux industries ce que nous avons déjà posé pour l'une d'elles :

Dégrevons le sucre de canne ;

Assez pour que les colonies ne soient pas violemment étouffées ; pas assez pour qu'elles puissent continuer leur culture exagérée.

Pas assez pour que la fabrication indigène soit étouffée ; assez pour qu'elle ne puisse continuer son développement exagéré.

Mais je n'oublie point que j'ai demandé pour les colonies quelques avantages généraux : dès à présent la diminution de l'exclusif, l'exportation directe de leur sucre à l'étranger, et comme on le verra plus loin, je demande encore la diminution des droits à l'importation de certaines denrées étrangères de première nécessité pour elles, et la faculté de recevoir de l'étranger des outils et machines destinés à leurs exploitations, ce qui facilitera l'amélioration des prix de revient.

Il est juste d'accorder à l'industrie indigène quelques avantages analogues, de nature à pouvoir aider aussi à l'amélioration des prix de revient.

Depuis quelques années, les droits sur les houilles étrangères ont été réduits, mais pas encore assez.

Toutefois je ne préciserai rien à cet égard, mais au moins je demanderai l'extension aux machines à vapeur employées dans la fabrication indigène, de la mesure récemment prise à l'égard de celles employées pour la navigation, c'est-à-dire la restitution des droits payés sur les fontes étrangères employées à leur construction.

CHAPITRE IV.

CONCLUSIONS GÉNÉRALES.

But définitif.

Voilà le but auquel il me semble que devraient tendre les efforts de la législature pour arriver à la solution définitive de la question coloniale.

1° Affranchissement commercial presque illimité, sauf quelques réserves dans l'intérêt de la navigation française qu'on pourrait maintenir en possession exclusive des transports entre les colonies et la métropole, et protéger par des droits différentiels pour les transports entre les colonies et l'étranger; sauf encore quelques autres réserves nécessitées par l'intérêt politique ou par la situation respective de la France et de ses colonies, et dont l'expérience pourrait fixer les limites.

2° Recevoir les denrées coloniales étrangères en concurrence avec les denrées coloniales françaises, et en ne protégeant celles-ci que par des surtaxes infiniment modérées et ne devant servir qu'à compenser la gêne que pourraient encore éprouver les colonies des très-petites réserves qui seraient faites sur leur affranchissement commercial absolu.

Arriver ainsi à ne protéger les colonies contre les sucres étrangers que par un droit différentiel de 10 fr., plus tard même de 5 fr. par 100 k.

3° Arriver à un droit uniforme de 30 fr. sur le sucre indigène et sur le sucre colonial. Le sel paye aujourd'hui 30 fr. par 100 kil. Un droit semblable ne sera point exagéré pour le sucre, qui longtemps encore sera de jouissance plutôt que de nécessité.

Supprimer même sur ce droit de 30 fr. le décime de guerre qui n'a plus de sens aujourd'hui, qui complique inutilement les écritures du trésor, et qui introduit le mensonge dans les tarifs, puisque la douane demande plus que ne croit devoir celui qui lit le tarif. Les lois d'impôt doivent être claires pour les redevables.

Ce but ne peut être atteint brusquement. Il faut ménager les transitions; mais dès aujourd'hui il faut faire un pas.

Premières mesures à prendre.

1° Aux prohibitions absolues substituer les droits protecteurs. Admettre aux colonies toutes les marchandises étrangères non prohibées en France sous les mêmes droits payés par ces marchandises à leur entrée en France.

2° Quant aux marchandises actuellement reçues aux colonies sous des droits moindres qu'en France, conserver cet avantage aux colonies.

3° Réduire, dès à présent, les droits payés aux colonies par les denrées étrangères suivantes :

Farine, *bœuf salé*, objets de consommation nécessaires.

Animaux vivants, objets de consommation nécessaires, auxiliaires de travaux plus nécessaires que jamais à mesure que l'esclavage s'en va.

Outiles et *machines* nécessaires à la culture et à la manipulation des produits.

4° Permettre aux colonies d'exporter leurs sucres par navires français pour toute destination, sauf quelques réserves, et avec faculté pour le gouvernement français de suspendre ce droit dans le cas d'un renchérissement extraordinaire de la denrée en France.

5° Dégrever un peu les sucres des colonies françaises, pour que les intérêts engagés dans cette culture ne soient point trop brusquement étouffés ; mais pas assez pour que les colons soient encouragés à cette production, pas assez pour que la fabrication indigène soit étouffée.

6° Dégrever en même temps les cacaos, les cafés, les cotons, afin que les colons soient doublement portés vers ces différentes cultures par le peu de bénéfices à retirer de l'industrie sucrière, par les nouveaux bénéfices à retirer des autres cultures.

Mesures qui devraient suivre pour arriver au but définitif.

Après avoir accompli ce premier pas, le gouvernement devrait, dès à présent, songer aux mesures qui devraient suivre ultérieurement pour arriver au but définitif.

1° On a établi des entrepôts réels à la Martinique et à Bourbon : c'est une bonne mesure; de semblables entrepôts devraient être placés à Cayenne et à la Guadeloupe, à Cayenne surtout; cet entrepôt donnerait d'abord peu de mouvement, et par la suite deviendrait florissant; je ne crois pas être égaré par des instincts ou des sympathies; j'ai foi dans l'avenir de la Guyane française.

2° Peu à peu l'exclusif commercial devrait s'amoindrir. On donnerait successivement plus de place à la concurrence étrangère, par l'abaissement des droits protecteurs, en commençant par admettre les marchandises étrangères les plus utiles à la colonie ou dont il importerait moins de conserver plus longtemps à la France l'approvisionnement exclusif. On arriverait progressivement à recevoir aux colonies presque toutes les marchandises étrangères, sous le paeyment de droits propres, moins à protéger les similaires français qu'à former pour la colonie une recette locale de perception facile.

3° Successivement permettre l'exportation directe à l'étranger des denrées coloniales autres que le sucre, qui dès à présent jouirait de cette faculté, et abaisser les surtaxes à l'entrée en France des similaires étrangers.

4° Plus tard, admettre aux colonies, sous certaines réserves et sous des droits différentiels, la concurrence du pavillon étranger.

5° Et quant à la situation respective du sucre colonial et du sucre français, élever successivement, à quelques années de distance, les droits qui pèsent sur le sucre indigène, et abaisser ceux qui pèseront encore sur le sucre colonial, pour arriver peu à peu par deux ou trois mouvements au droit uniforme de 30 fr., sans décime.

Si le but était bien compris et bien voulu,

Si le premier pas était fait d'une manière franche et décidée,

Si la route à suivre était bien clairement tracée,

La question des sucres, qui sera longtemps encore un objet de vigilance pour le gouvernement, ne serait plus un embarras pour les Chambres;

Et les intérêts divers qui sauraient leur avenir et ne compteraient plus sur les hésitations et les complaisances du pouvoir, cesseraient leurs clameurs inutiles et travailleraient à se régler.

CHAPITRE V.

MESURES DONT L'APPLICATION ACTUELLE SERAIT SALUTAIRE.

On reproche habituellement à ceux qui parlent sur des matières économiques, de rester engagés dans les généralités, de ne jamais conclure; je tâche d'éviter ce reproche. J'ai déjà indiqué le but auquel il me semblerait bon d'atteindre et quels premiers pas seraient possibles. Pour préciser davantage, je vais reproduire sous forme d'articles cet ensemble de mesures dont l'application actuelle me paraîtrait salutaire, et dans quelques notes justificatives j'en discuterai brièvement les conséquences.

Article premier.

Toutes les marchandises étrangères non prohibées

en France, pourront être importées aux colonies françaises, par navires français, soit de nos entrepôts réels, soit des ports étrangers d'Europe ou du littoral de la Méditerranée.

Elles payeront à leur entrée dans la colonie les mêmes droits qu'elles payeraient à leur entrée en France.

ART. II.

Toutes les marchandises étrangères actuellement reçues aux colonies par navires français ou étrangers sous des droits moindres que ceux qu'elles auraient à payer à leur entrée en France, continueront d'être reçues aux colonies de la même manière et en acquittant les mêmes droits que par le passé.

ART. III.

Les droits payés à la Martinique et à la Guadeloupe pour l'importation par navires français ou étrangers des marchandises étrangères ci-après désignées, sont réduits ainsi qu'il suit :

Animaux vivants, 5 p. 100 de la valeur (1).

Bœuf salé, 5 fr. par 100 k. (2).

Farine de froment, 12 fr. par baril de 90 k. (3).

ART. IV.

Les machines et mécaniques de fabrique étrangère, propres aux diverses exploitations de l'industrie colo-

---

(1) Au lieu de 10 p. 100.

(2) Au lieu de 15 fr.

(3) Au lieu de 21 fr. 50 c.

niale, pourront être importées aux Antilles, par navires français venant des ports d'Europe ou du littoral de la Méditerranée, en payant un droit de 5 p. 100 de la valeur. Ces mêmes machines et mécaniques continueront d'être importées à la Guyane et à Bourbon par navires français où étrangers, et sous les mêmes droits ou franchises que par le passé.

Les chaudières à sucre, outils et instruments aratoires, notamment pelles, pioches, haches, houes, sabres d'abattis, charrues, sarcloirs et herses de fabrique étrangère, importés par navires français venant des ports d'Europe ou du littoral de la Méditerranée, seront admis aux Antilles, à la Guyane et à Bourbon, en payant un droit de 10 p. 100 de la valeur.

ART. V.

En attendant les modifications successives des tarifs qui devront amener progressivement l'égalité des droits sur les sucres français indigènes et sur les sucres des colonies françaises, les droits à l'importation des sucres en France, seront établis provisoirement ainsi qu'il suit (1) :

---

(1) Modification au tarif actuel :

Dégrèvement de 8 fr.

Abaissement à 4 fr. de la différence actuelle de 6 fr. 50 c. entre la taxe sur les sucres de Bourbon et la taxe sur ceux des Antilles.

Abaissement à 7 fr. de la surtaxe actuelle de 15 fr. sur le sucre blanc.

Dégrèvement de 20 fr. sur les sucres étrangers.

ESPÈCES ET PROVENANCES.				droit sur 100 k.
				fr.
Sucre des colonies françaises.	Brut autre que blanc		Bourbon	33
			Amérique	37
	Brut blanc		Bourbon	40
			Amérique	44
	Terré de toutes nuances.		Bourbon	53
			Amérique	60
Sucres étrangers.	Brut autre que blanc	par nav. français	de l'Inde	60
			d'ailleurs hors d'Eur.	65
			des entrepôts	75
		par navires étrangers		80
	Brut blanc et terré de toutes nuances	par nav. français	de l'Inde	70
			d'ailleurs hors d'Eur.	75
			des entrepôts	85
		par navires étrangers		100

Art. VI.

Les colonies pourront exporter leurs sucres à l'étranger par navires français de 50 tonneaux, savoir :

Bourbon pour l'Europe et le littoral de la Méditerranée, l'Amérique et les pays d'au delà des îles de la Sonde ;

Les Antilles et la Guyane pour toute destination autre que les ports américains sur l'Atlantique.

Toutefois, en cas d'un renchérissement subit de $\frac{1}{5}$

sur les marchés de France, le gouvernement pourra par ordonnance suspendre pendant six mois cette faculté. La suspension ne pourra être prorogée au delà de ce délai que par une loi, ou, en l'absence des Chambres, par une ordonnance qui devra être convertie en loi à la plus prochaine session.

ART. VII.

Les droits sur les cafés, cacaos, cotons, importés des colonies françaises par navires français, seront établis ainsi qu'il suit, à partir du 1er janvier 1841.

CAFÉS.	Colonies d'au delà du cap. . .	40 f. sur 100 k. (1)
	— en deçà du cap. . . .	48 (2).
CACAOS		25 (3).
COTONS.		2 50 (4).

Les droits sur les cafés, cacaos et cotons étrangers continueront d'être perçus d'après le tarif actuellement en vigueur.

ART. VIII.

Les droits perçus à l'entrée sur les fontes employées à la fabrication des machines à feu, seront remboursés aux conditions et dans les proportions déterminées par des ordonnances du roi, sur les machines employées dans les fabriques de sucre indigène.

---

(1) Au lieu de 50 fr.

(2) Au lieu de 60 fr.

(3) Au lieu de 40 fr.

(4) Au lieu de 5 fr.

Les droits sur les cuivres employés à la fabrication des machines à cuire dans le vide destinées auxdites fabriques seront également remboursées aux conditions et dans les proportions déterminées par les mêmes ordonnances.

NOTES JUSTIFICATIVES

ET CONSÉQUENCES DES DIVERSES DISPOSITIONS DU PROJET.

Art. I. L'article premier a pour but de substituer au principe de la prohibition le principe de l'admission, sous payement de droits. Il place les colonies françaises, à l'égard des produits étrangers, dans la même situation où se trouve la France à l'égard de ces mêmes produits. Il peut donc leur procurer dès à présent quelque avantage, sans porter aucun dommage à l'industrie de la métropole, qui se trouvera protégée aux colonies (surface totale de 203 lieues carrées, population, 110,000 libres et 260,000 esclaves) de la même manière et par les mêmes droits qui suffisent pour la protéger en France (surface de 32,000 lieues carrées, et 33,000,000 d'habitants).

Cet article réserve à la navigation française le mouvement commercial, qui pourra s'établir entre la colonie et l'étranger. Pour que cette réserve ne soit point vaine et ne puisse être éludée par le moyen de bâtiments de cabotage allant chercher lesdites marchandises étrangères dans les entrepôts étrangers voisins, et, par exemple, pour les Antilles à Saint-Thomas, et pour Bourbon à l'île Maurice ou dans l'Inde, l'article n'admet l'importation de ces produits étrangers, que par bâtiments français venant directement des ports français ou étrangers d'Europe ou du littoral de la Méditerranée.

Art. II. Beaucoup de denrées ou marchandises étrangères sont actuellement reçues aux colonies sous le payement de droits moindres qu'en France, et peuvent même être importées sous pavillon étranger. L'art II a pour but d'éviter, à leur égard, toute équivoque qui pourrait résulter de la disposition de l'art. I. Les colonies continueraient à jouir de cet avantage; nous voulons relâcher un peu les liens prohibitifs, et n'en resserrer aucun.

Art. III. Cet article a pour but de diminuer les droits actuels à l'importation aux Antilles françaises de diverses marchandises étrangères qui sont pour elles de première nécessité, et dont il importe peu de conserver l'approvisionnement exclusif au commerce français.

La Guyane et Bourbon recevant aujourd'hui ces mêmes objets à des droits égaux ou inférieurs au taux que nous voudrions adopter pour les Antilles, il n'y a point lieu de s'occuper ici de ces deux colonies.

Animaux vivants. D'après l'ordonnance de 1826, le droit d'importation à la Martinique et à la Guadeloupe sur les animaux vivants étrangers, est de 10 pour 100 de la valeur. Nous demandons qu'il soit réduit à 5 p. 100.

Partie de ces animaux sont tués pour la nourriture des habitants, et deviennent ainsi objets de consommation nécessaire; partie sont employés pour les travaux dans la colonie, et toute mesure qui en facilitera l'importation sera utile.

La réduction successive du nombre des esclaves et l'affranchissement imminent diminuent de jour en jour, et bientôt réduiront, brusquement peut être, le nombre des travailleurs. Il faut d'avance y suppléer, autant qu'il sera possible, par le travail des animaux et par l'emploi des machines.

Conséquence pour les deux colonies. En 1836, il a été importé une valeur d'animaux vivants étrangers de (1) :

Martinique. . . .	479,797 fr.
Guadeloupe. . . .	680,633
Total. . . .	1,160,430 fr.

Sur laquelle il a dû être perçu un droit de 10 pour 100, savoir.	116,043 fr.
Après la réduction à 5 p. 100, les deux colonies, sur semblable valeur, n'auraient plus à payer que.	58,021

Conséquence pour le commerce français. Nous n'exportons aux colonies ni bêtes à cornes, bœufs, vaches, veaux, ni moutons, ni porcs. Tous ces animaux viennent aux colonies de l'étranger.

De 1831 à 1836 nous avons vendu :

A la Martinique,	2,833 chevaux, mulets ou ânes.
A la Guadeloupe,	4,910
Total pour les deux colonies et pour les 6 années,	7,743
Moyenne par année, le $\frac{1}{6}$,	1,290

Or, tandis que la France vend aux deux colonies, par année, 1290 chevaux, mules ou mulets, nous la voyons dans la seule année 1836 acheter à l'étranger 17,634 chevaux, et en 1837 19,981 chevaux ou mulets, et de plus, 1,539 ânes ou ânesses. Quand même la diminution de protection proposée par l'article devrait empêcher toute exportation de chevaux

(1) Etats de commerce des colonies françaises pour 1836.

ou mulets français aux colonies, quel besoin la France a-t-elle de leur fournir des objets dont elle n'a point assez pour elle-même, et qu'elle est obligée de recevoir de l'étranger?

En résumé, les colonies reçoivent beaucoup d'animaux vivants de l'étranger : la diminution du droit leur profitera donc d'une manière sensible. Nous vendons aux colonies très-peu d'animaux vivants. La diminution de protection nous causera donc une perte insensible, si même elle peut nous en causer une.

Bœuf salé. D'après la même ordonnance de 1826, le bœuf salé étranger, importé à la Martinique et à la Guadeloupe, supporte un droit de 15 fr. par 100 k. Nous proposons de le réduire à 5 fr.

Conséquence pour les deux colonies. De 1831 à 1834 il a été importé de l'étranger en bœuf salé :

Martinique. . . .	1,403,053 k.
Guadeloupe. . . .	1,060,820
Total pour les 4 années et pour les deux colonies.	2,463,873
Moyenne par année, le $\frac{1}{4}$.	615,968 k.
qui, à raison de 15 f. par 100 k., ont dû acquitter un droit de.	92,395 f.
Après la réduction à 5 f. par 100 k., les deux colonies, sur semblables quantités, n'auraient plus à payer que.	30,798 f.

Conséquence pour le commerce français. De 1831 à 1834 (1), nous avons vendu aux deux colonies ensemble :

240,896 k. bœuf salé

valant 148,531 f.

Par année moyenne, le $\frac{1}{4}$, 60,224 — 37,133

(1) Les états de commerce des colonies françaises confondent depuis 1835 le bœuf salé avec les autres viandes salées ; pour avoir le chiffre exact et distinct, nous avons dû recourir aux États de 1831 à 1834.

Or, tandis que la France vend aux deux colonies, par année, pour 37,133 fr. de bœuf salé, elle achète de l'étranger, en 1836, par exemple, pour environ 7,600,000 fr. de bêtes à cornes, moutons et porcs. Est-il bien utile que la France vende de la viande aux colonies, quand, n'en ayant point assez pour elle-même, elle est obligée d'en acheter à l'étranger des quantités aussi considérables?

Là encore nous pouvons dire : les colonies reçoivent beaucoup de bœuf salé de l'étranger ; la diminution du droit leur profitera donc d'une manière sensible. Nous vendons aux colonies très-peu de bœuf salé ; la diminution de protection nous causera donc une perte insensible, si même elle peut nous en causer une.

Farines. D'après l'ordonnance du 9 novembre 1832, les farines de froment étrangères importées à la Martinique et à la Guadeloupe payent un droit de 21 fr. 50 c. par baril de 90 k.; ce droit est de fait prohibitif. Nous proposons de le réduire à 12 fr.

Nos farines ne sont protégées à la Guyane, voisine des Antilles, que par un droit de 5 fr. par 100 fr. de valeur sur les farines étrangères, lesquelles peuvent y être importées sous pavillon étranger, et cependant, tandis qu'en 1836, la Guyane nous achète 195,914 k. de farine, elle n'en tire de l'étranger que 117,097 k.

Il est donc bien certain qu'avec le droit de 12 fr. par 90 k., nous fournirions encore la plus grande partie des farines nécessaires à l'approvisionnement de la Martinique et de la Guadeloupe.

Si la concurrence étrangère entrait pour quelque portion dans la fourniture des deux îles, nous saurions au moins apprécier, par des chiffres positifs, les conditions dans lesquelles les farines des deux origines se présenteraient sur le marché colonial, et nous pourrions mieux, en connaissance de cause, modifier nos tarifs, et peut-être abaisser encore les droits sur une matière première, dont le prix ne doit jamais être surélevé.

Et si la concurrence admise par la réduction du tarif avait pour effet d'abaisser un peu le prix des céréales aux colonies, ce serait pour elles un avantage efficace, et la perte pour la France serait insensible.

La moyenne annuelle des quantités de farines de froment (1) exportées à la Martinique et à la Guadeloupe pendant les 5 années de 1833 à 1837, a été 7,500,000 k. Admettons que, pour produire 100 k. de farine, il faille 125 k. de froment, les farines importées proviendraient de 9,375,000 k. de froment, qui, d'après le poids moyen officiel de l'hectolitre, en 1835 (2), à raison de 75 k. pour un hectolitre, représentent 125,000 hectolitres.

Or, d'après les archives statistiques du ministère du commerce en 1835, la France consommait, en 1833 : 62,220,000 hectol. de froment, c'est-à-dire environ 170,500 hectol. par jour.

Ainsi, la vente totale de nos farines, à la Martinique et à la Guadeloupe, ne s'élève guère à plus des deux tiers de la consommation de froment que fait la France en un seul jour. Je laisse à penser l'indispensable importance d'un pareil débouché pour notre agriculture. La perte totale en serait insignifiante pour nous; et il ne s'agit pas même de cela, mais seulement d'abaisser les droits sur l'importation des farines étrangères aux colonies, et de leur laisser une part de concurrence.

Si l'agriculture cependant se plaignait d'une perte problématique, nous aurions à répondre que nous protégeons davantage par compensation cette fabrication indigène dont elle attend de si immenses résultats; et qu'en favorisant les colonies par la législation générale, nous acquérons le droit d'être plus sévère à leur égard pour la production du sucre, et de pouvoir leur donner un dégrèvement moins onéreux pour

---

(1) Statistique du commerce extérieur et tableau du commerce de la France en 1837.

(2) Archives statistiques du ministère du commerce en 1835.

la fabrication indigène, que celui qu'il faudrait bien admettre sans cela ; car enfin, nous devons être juste, et ne pas traquer les intérêts coloniaux de toutes parts.

Art. IV. L'introduction de tous les objets énumérés dans cet article est prohibée d'une manière générale (1) à la Martinique et à la Guadeloupe.

Les machines étrangères peuvent être importées en franchise à la Guyane, et sous des droits infiniment modérés à Bourbon. Mais les outils et instruments d'agriculture ou d'exploitation ne peuvent être importés dans ces deux colonies que par navires français venant directement de France.

D'après notre article, la Guyane et Bourbon continueraient de recevoir les machines étrangères sous les mêmes droits ou franchises que par le passé ; car nous ne voulons toucher à ce qui existe que pour relâcher, et non pour resserrer l'exclusif.

Les deux autres colonies acquerraient cette faculté d'importer les machines de l'étranger sous un droit de 5 p. 100 de la valeur.

Les outils et instruments d'agriculture seraient reçus de l'étranger aux quatre colonies sous un droit de 10 p. 100 de la valeur.

Réserve faite des transports à notre navigation ; condition posée que ces objets viendront des ports d'Europe ou du littoral de la Méditerranée, afin que la réserve ne soit point éludée par le cabotage aux entrepôts étrangers voisins.

Cette mesure a pour but, et aurait pour effet de favoriser aux colonies le progrès agricole et l'exploitation des sucreries, et d'influer directement sur l'abaissement des prix de revient, par la facilité d'acquérir à meilleur compte les objets néces-

(1) Une exception pour l'année 1837 seulement a permis l'importation de certaines machines à vapeur.

saires à ces exploitations. Nul doute qu'elle ne fût reçue avec plaisir par les colons.

Conséquence pour le commerce français. D'après les états de commerce des colonies, nous avons importé, en 1837, aux quatre colonies, les valeurs suivantes, en instruments aratoires; outils de fer, acier, cuivre; ouvrages en fonte, acier, cuivre; machines et mécaniques :

Martinique.	427,000 f.
Guadeloupe.	603,000
Guyane.	73,000
Bourbon.	159,000
Total pour les quatre colonies.	1,262,000 f.

De cette somme, il faudrait pouvoir déduire tous les outils et ouvrages en fer, fonte, acier ou cuivre, qui ne sont point destinés aux exploitations agricoles; nous serons bien modéré en ne faisant qu'une déduction approximative de 262,000 fr. : resterait un million pour valeur d'outils et instruments aratoires, et machines d'exploitation.

La Guyane et Bourbon peuvent s'approvisionner de machines à l'étranger; cependant elles en tirent de France. Nous conserverions d'ailleurs pour la fourniture des outils une protection de 10 p. 100 de la valeur.

Il est donc probable que nous pourrions encore vendre une grande partie de cet approvisionnement.

Mais, au reste, supposons, et il est bien certain pourtant que cela ne serait point; supposons que nous dussions perdre en entier cette fourniture d'un million.

En 1836, nous avons importé de l'étranger en France :

Machines et mécaniques.	2,587,672 f.
Outils et instruments aratoires.	2,732,073
Total.	5,319,745 f.

Avons-nous un besoin indispensable d'exporter ce dont

nous n'avons pas assez pour nous-mêmes, si bien que nous sommes obligés d'acheter à l'étranger 5 ou 6 fois plus de ces objets que nous n'en vendons aux colonies? Et d'ailleurs, quand nous aurions à faire quelques machines ou quelques outils de moins pour les colonies, les manufactures de sucre indigène ont apporté un tel accroissement dans la demande de ces objets, qu'il y aurait là une compensation certaine à une perte problématique.

Les mesures proposées dans les art. 1, 2, 3 et 4, prépareraient l'avenir et seraient en outre actuellement très-favorables aux colonies. Et indépendamment des considérations que j'ai déjà présentées relativement aux animaux vivants et au bœuf salé, si l'on me demande comment tel chiffre acquis aux colonies serait très-avantageux pour elles, tandis que la perte de ce même chiffre serait insensible pour la métropole, je puis répondre encore, d'une manière générale, que le bénéfice se répartirait aux colonies sur une population de 100,000 libres, et que la perte se répartirait en France sur une population de 33,000,000.

La réduction des droits sur les animaux vivants et sur le bœuf salé causerait un déficit dans les recettes coloniales, mais qui serait largement compensé par les droits à percevoir sur les farines étrangères qui pourraient entrer en concurrence, et en outre sur les objets importés de l'étranger en vertu des art. 1 et 4.

Art. V. Après avoir assuré aux colonies quelques avantages généraux par les mesures qui précèdent, et par celle comprise à l'art VI, il pourrait nous être permis d'appliquer avec plus de sévérité notre principe de grever le sucre colonial, assez pour que les colonies ne soient pas étouffées, pas assez pour qu'elles puissent continuer cette culture dans son extension actuelle.

Nous posons d'abord le principe de l'égalité future des droits sur le sucre de canne et sur le sucre indigène. Il importe qu'il ne reste aucun doute à cet égard sur la volonté du législateur.

Nous passons ensuite à la fixation d'un tarif actuel.

Les colons voudraient un dégrèvement de vingt francs; les fabricants indigènes repoussent tout dégrèvement. Le gouvernement vient de proposer un dégrèvement de quinze francs, réduit à douze francs par la commission de la Chambre, mais sans autres avantages pour les colonies. Nous proposons un dégrèvement de huit francs, mais avec beaucoup d'autres avantages pour les colonies.

Il nous est assez difficile de justifier d'une manière très-précise le chiffre auquel nous nous sommes arrêté; nous croyons impossible d'arriver à autre chose qu'une approximation vague, dans une matière si peu précise, et alors que les éléments du calcul sont tout à fait dissemblables. Nous présenterons seulement d'une manière générale quelques observations justificatives.

Depuis cinq ou six années les colons établissent leur prix de revient par 50 kil. à.	25 fr.	00 c.
Le gouvernement, dans l'exposé des motifs du projet soumis aux Chambres, regarde comme nécessaire pour couvrir les frais de transport, et déductions pour coulage, frais d'entrepôts, etc., une somme de 14 à 15 fr.	15	00
Prix nécessaire pour les colons au Havre, selon eux.	40	00

Sucre indigène. Prix de revient de 50 kil. calcul de M. Dumas, 35 fr.; mais,

1° M. Dumas ne comprend la houille dans son calcul qu'à raison de 1 fr. 50 cent. l'hectolitre, à peu près la valeur à la sortie de la mine. En réalité, la plupart des fabricants payent la houille plus cher. M. d'Argout nous apprend, dans son rapport de 1837, que si on la paye 1 fr. 50 cent. à Valenciennes, c'est-à-dire 7 fr. 50 cent les cinq hectolitres nécessaires à la fabrication de 100 kil., les mêmes cinq hectolitres sont payés 22 fr. dans tel autre département du centre ou de l'est.

2° M. Dumas établit son calcul sur un rendement *minimum* en sus de 5 pour 100. Or, si quelquefois on obtient même au delà de 5 pour 100, le plus souvent encore on obtient moins.

3° Il fixe à 16 fr. le prix des 1000 kil. de betterave, et la plupart des fabriques les achètent à un prix supérieur.

4° Les colons, dans leur prix de revient, comprennent l'achat de barriques et comptent jusqu'au dernier cercle, jusqu'au dernier clou (1), et même le travail employé pour fouler le sucre dans les barriques. Mais sans doute le fabricant du nord ou du Puy-de-Dôme doit aussi acheter des caisses, barils, clous et cercles, et payer des frais d'emballage; et alors seulement on peut mettre la caisse de sucre français dans la cour de la fabrique, à Lille ou Grenoble, et la barrique de sucre colonial dans l'entrepôt du Havre ou de Bordeaux; et les deux sucres seront ainsi à conditions égales pour voyager et se répandre à l'intérieur. Cependant le calcul de M. Dumas ne comprend point ces menues dépenses.

Ces considérations nous expliquent comment la moyenne des prix des sept premiers fabricants de France, reconnue à l'enquête de 1837, a été 38 fr. 86 cent

Examinons maintenant de quelle manière large on a procédé pour accueillir le prix de revient des colons, et de quelle manière étroite on a procédé pour fixer celui de l'industrie indigène.

Fixation du prix de revient des colonies. En 1837 on a demandé aux délégués des colonies : « Quel est votre prix de revient, bonne 4e, y compris tous éléments? »

Ils ont répondu :

---

(1) Voir, entre autres calculs, ceux de M. Fournier.

« Il serait impossible de déterminer exactement le prix de revient, en tenant compte de tous les éléments indiqués dans la question. Il suffira de dire que le prix de revient nécessaire pour avoir un intérêt moyen de cinq pour cent sur la valeur des habitations et capitaux engagés est de 25 fr. pour cinquante kilog. Les chances des mauvaises récoltes, et du renchérissement des objets qui dépérissent, sont couvertes par ce prix de revient. »

Il résulte de cette déclaration que ce prix de revient n'en est pas un, puisqu'il comprend assez de bénéfices même pour couvrir les chances des mauvaises années.

On a demandé aux délégués de préciser davantage leur déclaration, de dire de quels éléments se composaient les dépenses. Ils ont prudemment refusé de s'expliquer à cet égard.

Et on n'a eu depuis pour moyen de contrôle que des ouï-dire recueillis aux colonies par les gouverneurs et les employés, qui, vivant au milieu de cette atmosphère coloniale, et voyant de près les souffrances des colons sans voir aussi les souffrances des fabricants indigènes, émus de compassion pour ce qu'ils voyaient, oublieux de ce qu'ils ne voyaient point, auront facilement accepté par sympathie des chiffres qui leur paraissaient rendus probables par les faits.

Lors même qu'ils auraient voulu agir avec rigueur, ils n'auraient obtenu aucun résultat. En vain M. Ducos les représente (1) comme vivant au milieu des colons et pouvant connaître leurs besoins, leurs revenus ; cela ne suffit pas. Le préfet du nord vit aussi au milieu de fabricants indigènes, et peut connaître les besoins et les revenus de son département ; mais, pour fixer le prix de revient de la fabrication, il n'en faudrait pas moins que, par lui-même ou ses agents, il pût descendre dans la fabrique, compulser les registres ou en tenir lui-même en suivant les opérations.

(1) Rapport de 1839.

Les gouverneurs ne peuvent rien de semblable aux colonies; ils ne peuvent visiter les ateliers en inquisiteurs, et se faire présenter les registres où sont notés, par exemple, le travail et les dépenses d'un esclave, et qui sont presque des registres privés. Comment pourraient-ils suivre de près les comptes détaillés de la sucrerie coloniale, eux qui n'ont pu parvenir qu'après d'immenses difficultés à obtenir même un recensement exact des esclaves, tellement que cette considération a été une de celles qui ont fait remplacer par le droit de sortie sur les produits la capitation des noirs de grande culture.

Pour vérifier le chiffre bénévolement offert par les colons, le gouvernement n'a eu d'autres moyens de contrôle que les rapports des gouverneurs, qui, eux-mêmes, ne pouvaient que recueillir les déclarations et les ouï-dire des colons.

Or, l'exagération de ce chiffre est patente.

Les délégués reconnaissent eux-mêmes que les prix ont baissé dans certaines colonies. Pourquoi donc conservent-ils la même fixation du prix de revient pour les quatre colonies?

Quand on reproche aux colons de rester routiniers et stationnaires, ils nous disent les améliorations qu'ils ont introduites depuis quelques années; comment se fait-il alors que leur prix de revient soit toujours 25 fr.?

D'après le rapport de M. d'Argout (1), établi sur les déclarations des délégués, la création de routes à l'île Bourbon, en permettant de substituer le charroyage au portage à dos de nègres, aurait procuré dans le prix de revient une amélioration de 2 fr. par 100 kilog.

Quelques colons plus laborieux auraient supprimé leurs gérants et dirigé eux-mêmes leurs habitations, et c'est une grande amélioration que la vigilance de l'œil du maître; comment se fait il que, malgré ces améliorations, le prix de revient soit toujours fixé à 25 fr.?

---

(1) En 1837.

Le prix de revient serait à 25 fr., le prix de vente à 15 fr., perte 10 fr. Nous ne pouvons admettre ce chiffre. Les sucreries se fermeraient aux colonies plus vite encore qu'elles ne se ferment dans le département du Nord. Les sucreries coloniales ne se ferment point ; quelques hectares seulement ont changé de culture ; les récoltes ne diminuent point ; les colons viennent de nous envoyer une production plus forte qu'aucune de celles des années précédentes. Nous ne pouvons admettre ce chiffre de 10 fr. Nous croyons seulement que les colonies souffrent, que leurs bénéfices sont réduits au minimum possible, que ceux qui ne travaillent point dans des conditions favorables sont en perte ; mais c'est aussi l'état de la fabrication indigène.

Les colonies se vantent de pouvoir, à peu de chose près, supporter la concurrence de l'étranger ; et l'étranger produit, terme moyen, à des prix au-dessous de 15 fr.

Si les colons sont sincères lorsqu'ils se vantent, c'est donc qu'ils produisent aussi à très-peu près au-dessous de 15 fr. S'ils ne sont point sincères, s'il y a une grande différence entre leur prix de revient et le prix de l'étranger, c'est une raison de plus pour que nous voulions obliger tous les colons qui ne produisent pas dans des conditions favorables, à cesser leurs ruineuses cultures.

En effet, ce prix de revient, arrangé par les colons sans moyen de contrôle possible, est établi par eux sans doute en faisant acception des frais de production même des plus mauvaises exploitations, de celles qui ont été se hasarder dans les terres médiocres et à l'aide d'emprunts onéreux.

On ne veut accepter dans le calcul de l'industrie indigène que le prix de revient des meilleures fabriques ; celles qui sont dans de mauvaises conditions doivent, dit-on, se fermer. Il serait donc juste de n'accepter pour prix de revient aux colonies que celui des bonnes sucreries, et de conseiller la fermeture des autres.

Ces considérations diverses font entrevoir comment le prix

de revient réel aux colonies doit se trouver énormément inférieur au chiffre de 25 fr. des délégués, et même à celui de 23 fr. 50 c. accepté par le gouvernement dans l'exposé de motifs, sans doute pour que le dégrèvement proposé de 8 fr. 25 c. par 50 k. ajouté aux 15 fr. 25 c. prix de vente actuel des colons, donne juste le prix nécessaire de 23 fr. 50 c. ni plus ni moins, à pas un centime de différence. Pour obtenir un résultat si précis dans une matière si peu précise, le ministre n'aura pas été bien difficile sur l'admission du fort centime, celui qui aide à faire les nombres ronds.

Fixation du prix de vente du sucre indigène. Voyons, au contraire, comment on a calculé, en 1837, le prix de revient du sucre de betterave.

Ici tous les calculs sont faits avec rigueur et détail, car on en a les éléments sous la main; on peut toucher, voir et vérifier, faire analyser par les chimistes, et même au besoin suivre les opérations dans la fabrique. Ainsi toute exagération est improbable et impossible dans les déclarations des fabricants, et le gouvernement a promptement et facilement nombreux moyens de contrôle et vérifications.

Or, on entendit les sept fabricants principaux, dont les établissements étaient constitués dans les meilleures conditions pour produire à bon marché, dont les frais de premier établissement sont depuis longtemps amortis et pour qui l'avenir est tout bénéfice. On n'a entendu aucun de ceux moins anciennement établis et dans des conditions moins favorables.

Parmi les sept entendus, on s'est attaché surtout aux déclarations de M. Crespel, celui de tous qui se trouve hors ligne et dans les plus heureuses circonstances, et qui plus d'une fois en déclarant que l'impôt tuerait la plupart de ses confrères, avouait que lui pourrait le supporter.

Bien plus, en déclarant que si le sucre produit dans ses anciennes fabriques lui revenait à 30 ou 33 fr. les 50 k., il ajoutait que dans deux fabriques nouvellement établies par lui, homme pratique et expérimenté, le sucre lui revenait à 50 fr., et cependant on n'a tenu compte que des 33 fr. de ses anciens établissements.

Le résultat moyen des déclarations des sept premiers fabricants a été 38 fr. 86 c. pour 50 k.

Et cependant les partisans exclusifs des colons, s'emparant de la déclaration de M. Crespel et l'exagérant, ont écrit et propagé partout que le prix de revient du sucre de betterave était 30 fr. par 50 k.

Remarquons : 1° que ces 38 fr. 86 c., moyenne des sept premiers fabricants, sont au-dessous de la moyenne je ne dis pas de tous les établissements, mais, après élimination des mauvaises fabriques, au-dessous de la moyenne des bons établissements ordinaires ;

2° Que ces 38 fr. 86 c. représentent les frais au moyen desquels on a obtenu le sucre sortant des mains de l'ouvrier, sans addition d'aucun bénéfice ou prime pour couvrir les chances des mauvaises années.

Ainsi l'on voit que pour comparer ensemble les prix de revient des deux sucres sur des éléments analogues, il faut :

1° Faire au prix de revient de 25 fr. déclaré par les colons des réductions considérables ;

2° Au prix de revient absolu reconnu pour le sucre indigène à la sortie des mains de l'ouvrier, ajouter encore quelque chose pour que le sucre puisse franchir le seuil de la fabrique à conditions égalisées.

M. le ministre des finances en 1837, alors qu'il demandait et obtenait l'impôt de 16 fr. 50 c., reconnaissait le prix de revient du sucre indigène à 40 fr. les 50 k., et cette déclaration ne sera certes point soupçonnée de partialité.

D'après les appréciations officielles de l'administration des contributions indirectes, le prix de revient serait aujourd'hui de 37 fr. 50 c. Ce chiffre nous paraît faible ; il est inférieur à celui qui était la moyenne des sept premiers fabricants de France il y a deux ans ; et cependant nous l'admettrons, tant nous avons peur d'exagérer dans ce qui nous est favorable.

Quant au prix de revient des colonies, en tenant compte de toutes les circonstances indiquées plus haut, et en déduisant ceux de ces éléments qui ne sont point compris dans le calcul du sucre indigène, et notamment le bénéfice pour couvrir les chances des mauvaises années, nous croyons pouvoir l'établir au-dessous et au moins pas au-dessus de 17 ou 18 fr. (1).

En résumé, il coûte au colon 17 ou 18 fr. pour avoir sur place, et 31 à 33 fr., soit 32 fr. pour fournir au Havre 50 k. de sucre colonial; le fabricant indigène dépense au moins 37 fr. 50 c. pour produire 50 k.

A n'examiner que le seul élément de la quantité, une protection de 5 fr. 50 c. par 50 k. ou 11 fr. par 100 kil. suffirait donc au fabricant indigène.

Il faut maintenant faire acception de l'élément de la valeur. Le fabricant indigène, qui aura déjà dépensé 5 fr. 50 c. de plus que le colon pour produire 50 k., ne vendra pas ces 50 k. le même prix que le colon vendra les siens.

Vu la différence de qualité entre le sucre colonial et le sucre indigène, en les ramenant l'un et l'autre au type moyen de la bonne quatrième, il y a entre le prix possible de 100 k. colonial et de 100 k. indigène une première différence évaluée à 10 fr. par les fabricants indigènes, à 8 fr. seulement par l'enquête de 1837, dont les résultats sont consignés au rapport de M. Dumont. Nous prendrons ce dernier chiffre ; quelques-uns voudraient un chiffre plus bas et font observer que les fabricants ont amélioré leurs qualités. Oui, sans doute, leurs qualités supérieures, mais en sacrifiant tout à fait leurs dernières sortes, et perdant de ce côté ce qu'ils gagnaient de l'autre.

Entre les deux sucres ramenés au type de la bonne quatrième, il y a encore une différence de prix de vente, à cause de l'infériorité du rendement au raffinage pour le sucre de

(1) M. Dumont du Nord disait à la Chambre, en 1837, qu'il y avait tout lieu de fixer à 15 ou 18 fr. le prix de revient véritable des 50 k. de sucre colonial.

betterave. Je prends au hasard quelques cours des derniers mois. Le 23 avril, la bonne quatrième coloniale se vendait au Havre 108 fr. les 100 k.; la bonne quatrième indigène se vendait le même jour à Lille 97 fr. plus haut prix. Le 4 mai, la bonne quatrième coloniale se vendait au Havre 108 à 110 fr. les 100 k.; la bonne quatrième indigène se vendait à Lille 98 à 100 fr.; et nous voyons presque constamment une différence de 8 à 10 fr. se produire sur les cours de Lille ou du Havre; et cette différence était acceptée à la Chambre comme normale en 1837. Cependant les bons échantillons de bonne quatrième pouvant aujourd'hui se vendre à meilleures conditions relatives, les appréciations du gouvernement n'admettent point une différence de prix supérieure à 6 fr. Nous adopterons ce chiffre; mais en présence des cours de Lille et du Havre nous ne pouvons admettre le chiffre de 3 francs proposé par le rapporteur de 1839, fondé sur ce que des échantillons de qualités supérieures se seraient vendus à Paris à des prix atteignant ceux du sucre colonial.

En résumé, le fabricant, pour vendre à conditions égalisées en concurrence avec le producteur colonial, a donc besoin encore d'être protégé :

1° De 11 fr. par 100 k. quant au coût de la production;

2° De 8 fr. par 100 k. quant à l'infériorité de sorte;

3° De 6 fr. quant à la vente à qualités égales; c'est-à-dire qu'il a besoin d'une protection totale de 25 fr.

La protection que lui laissait la loi de 1837 pour 100 k. était 33 fr. Les colonies devraient se tenir pour satisfaites si nous la réduisions à 25 fr. Or, par le dégrèvement de 8 fr. que propose notre art. V, et avec le décime 8 fr. 80 c., nous réduisons la protection à 24 fr. 20 c. seulement.

Ici il faut remarquer que le dégrèvement résultant pour les colons directement ou indirectement de l'ensemble du projet, est en réalité supérieur à 8 fr. 80 c. Si l'application des quatre premiers articles leur procure à meilleur marché les animaux, machines et outils nécessaires à leurs cultures et fabrications, il en doit résulter un abaissement dans le prix de revient. Si cet abaissement peut égaler 2 fr. 20 c. par 100 k., l'ensemble du projet aura procuré aux colons un avantage de 11 fr.

En demandant le dégrèvement de 8 fr. pour les colons, je crois être juste à leur égard, lorsque surtout je demande pour eux bien d'autres avantages; et je crois être rigoureux, très-rigoureux pour les fabricants indigènes.

A cette condition et aux prix actuels, par suite de la concurrence qu'elles se font, les deux industries resteraient réduites à un minimum de bénéfices.

Elles pourraient vivre, mais leurs souffrances ne seraient point éteintes; de là sortiraient les bons effets que j'ai désirés. Que la fabrication indigène se règle et prenne courage, à elle l'avenir! et quant à l'industrie coloniale, nous demandons que d'autres voies lui soient ouvertes; à elle aussi peut-être un avenir prospère, mais seulement quand ses conditions économiques actuelles auront été presque entièrement renouvelées.

Le dégrèvement de 8 fr. porte sur les sucres bruts des Antilles et de la Guyane, qui ont toujours été pris pour point de départ dans l'échelle du tarif. Au lieu de 45 fr., ils ne paieraient plus que 37 fr.

Les sucres de Bourbon, d'après le tarif actuel, payent 6 fr. 50 c. de moins par 100 k. que ceux des Antilles, en compensation des charges d'un plus long fret. Nous proposons de réduire à 4 fr. cette déduction de taxe.

Bourbon trouve d'ailleurs une compensation suffisante dans son sol plus fécond, moins fatigué. Bourbon souffre moins que les Antilles dans la crise actuelle, et a besoin par conséquent d'un moins grand soulagement.

Je voudrais appliquer à Bourbon cette règle commune : dégrever, mais pas assez pour que l'extension actuelle des cultures de canne soit encouragée. Or, pour que le même effet soit produit par le dégrèvement sur les Antilles qui ont beaucoup souffert, et sur Bourbon qui souffre moins, le dégrèvement doit être plus fort sur les sucres des Antilles, plus faible sur ceux de Bourbon.

Enfin, nous pensons que la production du sucre peut être plus facilement pressée et restreinte à Bourbon sans conséquences bien déplorables pour la colonie, qui cultive le sucre depuis peu d'années, et n'est point encore déshabituée de ses anciennes cultures. Les sucres bruts de Bourbon, qui payent actuellement 38 fr. 50 c., paieraient 33 fr.

Surtaxe sur le brut blanc. Le brut blanc, d'après le tarif actuel, paye une surtaxe de 15 fr., de fait prohibitive. J'entre pleinement dans les vues du projet ministériel et dans celles de la commission. Je demande que la fabrication du brut blanc soit permise aux colonies.

Mais comme ce sucre, mieux épuré, contient, à poids égal, plus de sucre pur que le brut commun, comme il rend plus au raffinage et ainsi obtient sur les marchés une plus-value assez considérable, il doit d'ailleurs être surtaxé proportionnellement à cette plus-value.

Plus forte, la surtaxe serait prohibitive;

Plus faible, elle donnerait aux colons un supplément indirect au dégrèvement que nous avons pensé devoir leur être accordé.

Le projet ministériel fixe cette surtaxe à 5 fr. Nous demandons 7 fr.; ce qui nous rapproche davantage de la plus-value, fixée à 7 fr. 50 c. d'après les enquêtes de 1833. Et nous attacherions d'ailleurs peu d'importance aux 40 c. qui nous séparent du chiffre de la commission de 1839.

Le brut blanc paye aujourd'hui.	Bourbon.	53 fr. 50 c.
	Antilles et Guyane.	60 fr.
Il payerait.	Bourbon.	40 fr.
	Antilles et Guyane.	44 fr.

Surtaxe sur les sucres étrangers. Nous avons exprimé le

désir de pouvoir un jour réduire cette surtaxe à 10 fr., et même 5 fr. par 100 k. Aujourd'hui, nos colonies ne seraient point en état de supporter la concurrence étrangère après une semblable réduction ; et d'ailleurs, avant d'appeler la concurrence étrangère, nous devons régulariser la concurrence des sucres français, qui déjà se font à eux-mêmes un trop grand encombrement.

Toutefois, nous ne pouvons laisser subsister cette surtaxe actuelle, exagérée de 40 fr. par 100 k., et avec le décime, 44 fr.

Nous proposons de la réduire à 28 fr., et avec le décime, 30 fr. 80 c.

Cette surtaxe restera de fait prohibitive, et les colonies n'auront point à se plaindre. Et, d'ailleurs, si une hausse des sucres français, une baisse du sucre étranger venaient établir une grande différence, la marge d'extension pour les colonies françaises serait profitablement restreinte par cette limite plus rapprochée de 28 fr.

Nous entrons encore, à cet égard, dans les vues du projet ministériel, qui demande, il est vrai, une surtaxe de 30 fr. La minime différence des 2 chiffres, pour ce dernier calcul et pour le nôtre, provient du désir de poser au tarif une taxe en chiffres ronds de perception plus facile; et cette taxe, d'ailleurs, restant prohibitive, n'a point besoin d'être calculée avec une bien rigoureuse précision.

Les sucres étrangers américains payent aujourd'hui 85 fr. Ils paieraient 65 fr.

Les sucres étrangers d'autres provenances recevraient aussi ce dégrèvement de 20 fr., selon l'échelle du tarif.

Art. VI. Cet article a pour but de donner aux colonies le droit d'exporter directement leur sucre à l'étranger.

Il paraît, au premier abord, faire aux colonies une grande concession ; aux commissionnaires de nos ports, un certain dommage. En réalité, il ne fait guère que régulariser l'état de choses actuel. Un navire chargé de sucre brut arrive des Antilles, fait escale au Havre ou à Marseille, puis obtient de la douane un changement de destination, et va décharger immédiatement à Hambourg ou dans le Levant. Il ne faut donc point s'exagérer les conséquences de cet article.

Cependant, 1° il régularise un droit qui n'était que de tolérance;

2° Il lève l'obligation de faire escale, et obtenir permission de douane;

3° Il permet l'exportation directe, aujourd'hui interdite de droit et impossible de fait, pour les destinations autres que les pays d'au delà du Pas-de-Calais ou du détroit de Gibraltar.

Sous ces trois rapports, il serait donc utile aux colons.

Vu la cherté de leur prix de revient, ils ne trouvent que bien rarement l'occasion de vendre à l'étranger. Avec un peu plus de facilité, ces occasions deviendront moins rares. Par un premier amoindrissement de l'exclusif, si nous permettons aux colons d'acheter à l'étranger certains objets désignés dans nos quatre premiers articles, la possibilité de prendre des retours dans les ports étrangers rendra plus efficace cette faculté d'exportation directe

Par là, nous contribuerons un peu à prévenir ou diminuer l'encombrement actuel de notre marché : ce serait un remède plus naturel que le retour à la prime indirectement proposé par le gouvernement.

Notre marine sera d'ailleurs désintéressée si nous lui réservons le transport exclusif de ces exportations directes; et cette réserve ne sera point illusoire, comme le craignaient, en 1838, plusieurs membres du conseil supérieur du commerce, si nous ne permettons ces exportations que par bâtiments de 50 tonneaux, et pour les ports lointains, et non au moyen du cabotage à Saint-Thomas ou autres ports voisins, où les navires étrangers viendraient les recevoir pour les conduire en Europe.

Les raffineurs ne seraient point fondés davantage à se plaindre.

Que l'exportation directe soit ou non permise, il peut en résulter un encombrement moindre ou plus grand dans nos entrepôts ; mais les raffineurs n'en travailleront guère moins ou plus pour l'étranger. Ils n'obtiendraient une augmentation appréciable de travail que par le rétablissement de la prime, et c'est assez protéger leur industrie par l'exclusion des raffinés étrangers, sans la protéger encore par des cadeaux plus directs du trésor.

D'ailleurs, le travail de la raffinerie générale augmente tous les jours par l'énorme accroissement de consommation en France, et par le progrès en étendue de l'industrie indigène. Quelques raffineurs des ports de mer dussent-ils perdre un peu, deux autres gagneraient dans l'intérieur; et là, je comprends toujours que celui qui perd se plaigne, mais la masse du pays n'y est point intéressée, et pas davantage l'industrie elle-même dans sa généralité.

En résumé :

Cette mesure peut être utile aux colons, qui la réclamaient vivement en 1838.

En France, elle ne peut nuire à personne.

De plus, elle profite aux deux industries par la diminution possible de l'encombrement.

Art. VII. L'article 7 a pour but de favoriser la tendance que nous voudrions imprimer aux colonies, le remplacement successif d'une partie des cultures de la canne par la culture des autres denrées coloniales.

Le caféier, le cacaotier ne donnent leurs fruits qu'après plusieurs années. Cependant nous proposons le dégrèvement à partir du 1er janvier 1841. Une fixation reculée ne serait point pour la colonie un encouragement efficace. Les caféières, cotonneries, etc., aujourd'hui en valeur, profiteraient quelque temps de cette mesure avant que de nouveaux planteurs pussent en recueillir les avantages. L'exemple de leur prospérité serait un stimulant de plus.

Le dommage serait bien faible pour le trésor.

CAFÉ. Le droit actuel subirait une réduction de $\frac{1}{5}$.

En 1837, Bourbon a versé dans notre consommation un total de 680,000 k. de café, ayant dû acquitter, à raison de 50 fr. par 100 k. . . . . 340,000 f.

Les Antilles et la Guyane ont fourni 850,000 k. ayant dû acquitter, à raison de 60 f. par 100 k. . . 510,000 f.

Total. . . . . . 850,000 f.

Une réduction du $\frac{1}{5}$ eût fait subir au trésor une perte de. 170,000 f.

CACAO. Le droit actuel subirait une réduction de $\frac{1}{4}$.

Les 4 colonies ont versé dans notre consommation, en 1837, 108,000 k., ayant dû acquitter, à raison de 40 fr. les 100 k. — 43,200 fr. Une réduction du $\frac{1}{4}$ eût fait perdre au trésor. . . 10,800

COTON. Le droit actuel subirait une réduction de $\frac{1}{2}$.

Les 4 colonies ont versé dans notre consommation, en 1837, 223,000 k., qui, à raison de 5 f. par 100 k., ont dû acquitter 11,150 fr. Une réduction de $\frac{1}{2}$ eût fait perdre au trésor. 5,575

Total des pertes qu'eût éprouvées le trésor par suite de ces diverses réductions. . . . 186,375 f.

Je sais d'ailleurs que l'année 1837 a été faible. Les cafés n'y sont comptés que pour environ 1 $\frac{1}{2}$ million de kil. Une bonne année ordinaire donne 2 millions. Mais évaluons à 300,000 fr. la perte du trésor; elle serait bien faible, et ne devrait point empêcher l'exécution d'une mesure qui peut produire de bons résultats.

Les plantations nouvelles, si elles se font, se feront lentement ; les récoltes s'accroîtront insensiblement : la perte subie par le trésor, à mesure que les denrées des colonies françaises se substitueront pour une faible part aux denrées étrangères, ne recevra donc que des augmentations lentes et peu considérables.

Le jour où il y aurait dommage notable, ce serait parce que beaucoup de terres, aujourd'hui cultivées en canne, auraient accueilli les nouvelles cultures, et nous devrions nous en applaudir. L'effet serait produit, les frais de premier plant compensés pour les colons par les faveurs reçues, et il serait temps de diminuer la protection, d'abaisser la taxe des similaires étrangers.

Une mesure efficace serait peut-être l'allocation directe d'une indemnité de premier plant par chaque hectare de caféier, cotonnier ou cacaotier, substitué à un hectare de canne. Nous ne faisons, au reste, qu'indiquer cette pensée, sans la proposer ni en étudier les conséquences.

Art. VIII. Cet article a pour but de faire un peu, à l'égard de l'industrie indigène, ce que (art. IV) nous avons demandé qu'on fît beaucoup pour l'industrie coloniale.

Nous voulons obliger les fabricants indigènes à l'amélioration de leurs prix ; nous tâchons de leur en faciliter les moyens.

Beaucoup de fabriques ne possèdent point encore les machines à vapeur qui donnent de si beaux résultats dans les fabriques plus grandement ou plus anciennement constituées. L'application de notre article leur permettrait de se procurer ces machines à moins de frais. Ce ne serait d'ailleurs que l'extension aux machines sucrières d'une mesure déjà prise pour les machines des bateaux à vapeur.

La nouvelle machine à cuire dans le vide promet, dit-on, les plus beaux résultats. Son prix est de 40,000 fr. Peu de fabricants se résignent à cette dépense : nous voulons les aider encore ici par la restitution des droits à l'importation des cuivres. Ces droits sont peu considérables, et pourtant cette faveur serait sentie par les fabricants obligés d'épargner par centimes jusqu'à ce qu'ils aient pu traverser la crise actuelle.

Du rendement. Notre projet ne contient rien de relatif au rendement; nous demandons à cet égard le maintien de la législation actuelle. 100 k. de sucre brut, toutes compensations faites, rendent 75 k. raffinés. La douane restitue, à la sortie pour l'étranger de 75 k. sucre raffiné, le droit payé par 100 k. sucre brut à l'entrée, pour le cas éventuel de consommation en France. Le gouvernement propose aujourd'hui de rendre le droit de 100 k. sucre brut pour 70 k. sucre raffiné. D'après la proportion réelle, ces 70 k. étant le produit de 93 k. $\frac{1}{3}$ brut, non-seulement les 70 k. raffinés recevraient tout le droit acquitté par leur matière première, mais, en outre, à titre de prime pure, la portion du droit afférente à 6 k. $\frac{2}{3}$ brut.

Il y a quatre ans, cet état de choses existait; on l'a supprimé comme un mal : nous devons regarder encore cette mesure comme un de ces retours de faiblesse à de vieilles difficultés vaincues.

Et comment veut-on sortir de la question coloniale, si, au lieu de marcher en avant, on défait le lendemain le bien qu'on a produit la veille?

Il nous est impossible de toucher, dans un mémoire si rapide, à tous les points de la discussion; mais on comprend assez, d'après nos principes économiques, pourquoi nous rejetons la prime.

Le gouvernement agit au hasard, et veut contenter tout le monde; il a jeté le dégrèvement aux colons; il jette aux fabricants indigènes l'abaissement du rendement; et son projet pourtant ne satisfait personne. C'est un nouvel exemple de ces concessions sans but, sans système, sans calcul des conséquences. On l'adopte comme un moyen factice de désencombrement, et l'on ne songe point aux moyens naturels.

A mesure que vous désencombrez vos entrepôts par l'écoulement à l'étranger, la production croissante les encombrera de nouveau.

Le seul moyen efficace, c'est la régularisation de l'industrie, la restriction progressive des cultures coloniales, la restriction temporaire des cultures indigènes.

La nouvelle prime est, dit-on, faible; alors elle sera inefficace; et si elle doit être efficace, c'est donc qu'elle est ruineuse pour le trésor, et ruineuse sans diminuer pour l'avenir une seule des longues difficultés présentes.

Le gouvernement propose bien timidement cette mauvaise mesure. Il n'ose pas dire positivement que ce n'est point le retour à la prime, mais il a bonne envie qu'on le croie. Il fait écrire ces paroles, page 20 de l'Exposé des motifs : « C'est une simple manière d'établir, non pas une prime proprement dite, mais le calcul du remboursement. »

En vérité, si nous reprenions, au lieu de 70, l'ancien chiffre de 1823, 40 p. 0/0, ce serait aussi une simple manière d'établir le calcul du remboursement : sous les mots, il faut voir les choses.

MM. les fabricants indigènes, qui sollicitent si vivement cette mesure, mettent plus de clarté dans leurs paroles

M. Lestiboudois dit pour eux, à la page 136 de son Mémoire, si excellent d'ailleurs qu'il a été considéré comme le manifeste de l'industrie indigène : « Le rendement, fixé par la loi à 75 p. 0/0, n'est pas éloigné du rendement réel. »

Page 137 : « C'est donc réellement une faveur qu'on demande au gouvernement; c'est une prime qu'on sollicite de lui. »

Et, enfin, il ajoute qu'on doit l'accorder, *si l'on désire* que notre sucre *trouve place sur les marchés étrangers.*

Oui, messieurs les fabricants indigènes, colons et raffineurs, nous désirons que vous puissiez vendre votre sucre à l'étranger, pourvu que ce ne soit point à nos dépens. Nous désirons que vous fassiez votre fortune par votre travail, votre esprit d'ordre, les progrès de votre industrie, la sagesse de vos spéculations, mais non par des cadeaux à subtiliser au trésor. Nous ne croyons pas qu'il soit bien juste d'augmenter de tant de centimes additionnels par an la patente du marchand qui détaille au rez-de-chaussée de votre hôtel, où la contribution mobilière de l'ouvrier qui loge dans vos combles, ou l'impôt foncier, déjà si lourd, pour donner à l'État le moyen de vous faire des générosités de cette nature, sans profit pour l'intérêt général.

Enrichissez-vous nous le désirons, car nous avons de la sympathie pour votre industrie; mais, pour vous enrichir plus vite, nous n'avons pas le droit de vous faire l'aumône en prenant dans la poche du voisin.

Mais, dites-vous, l'Angleterre a fixé son rendement plus bas. Comme nous n'imitons point l'Angleterre dans tout ce qu'elle fait de bien, je ne vois pas pourquoi nous devrions scrupuleusement l'imiter quand elle fait une sottise; et elle reconnaît si bien que son rendement trop bas était une sottise, qu'elle est aujourd'hui en voie de l'élever: de 61, elle vient de le porter à 67, et elle ne s'arrêtera point là; seulement elle est obligée, comme en toute mesure semblable, de marcher progressivement. C'est ainsi qu'avant de fixer notre rendement à 75, nous l'avons laissé quelque temps à 70. Donc, les Anglais sont en voie d'élévation, et vous vous autorisez de leur exemple pour nous proposer de descendre!

M. de Morny, délégué des fabricants du Puy-de-Dôme, avoue également qu'il s'agit d'une prime, et fait ce raisonnement, page 37 de son Mémoire: « Le gouvernement rejette toute idée de prime, mais il ignore donc qu'il en paye une en ce moment. Le rendement vrai en matière est à peu près de 80 kilog. sur 100; pourquoi donc rend-il le droit entier sur la présentation seulement de 75? »

1° Cet aveu du rendement de 80 doit bien rassurer les scrupules de ceux qui pourraient croire encore trop haut le chiffre de 75.

2° C'est précisément parce qu'il peut déjà y avoir abus qu'il ne faut pas augmenter cet abus.

M. Raffineau de Lille, fabricant, demandait une fixation de rendement inférieure même à 70, et disait, page 8 de son Mémoire: « Oui, sans doute, c'est une prime que nous proposons d'accorder..... mais l'exportation reprendrait l'activité qu'elle a eue de 1828 à 1833, et le prix du sucre devrait remonter, en conséquence, au taux où il était alors, c'est-à-dire à 72 fr. les 50 kilog., et même 75 et 78 fr..... »

Assez..... Nous comprenons pourquoi notre célèbre agronome, M. Mathieu de Dombasle, esprit éclairé, n'a point voulu, malgré sa sympathie pour l'industrie betteravière, s'associer à un pareil système de défense, à des combinaisons *tortueuses*, comme il les appelle si justement.

J'achève ici ce travail rapide. Je n'ai flatté aucun intérêt; j'ai tenu cette promesse que je m'étais faite à moi-même, de dire toujours ce qui me paraîtrait vrai et juste. Je puis avoir plus de sympathie pour l'industrie indigène, mais je place ma conscience au-dessus de mes sympathies; je désire surtout ce qui est vrai et juste.

Le projet de loi soumis aux discussions des Chambres m'a semblé mauvais par ce qu'il fait, plus mauvais encore par ce qu'il ne fait point.

J'ai tâché de m'élever au-dessus des faits par les principes et les généralisations d'ensemble, et je suis d'ailleurs descendu dans les faits et dans les chiffres pour les connaître et en tenir compte. Secouant le vague des théories générales, j'ai tâché de déterminer un but pratique, et, pour être plus clair, j'ai produit sous forme d'articles les mesures qui me sembleraient pouvoir engager utilement la législation vers ce but.

Le projet de loi traite les deux industries comme deux malades dont on cherche à prolonger l'agonie par de petits remèdes qui les épuisent et ne peuvent les guérir; et moi, je voudrais qu'elles fussent gouvernées comme deux malades mis à la diète en connaissance de cause pour être conduits à une guérison définitive.

Peut-être la discussion législative doit-elle être ajournée : je le désire. La session a été à la fois stérile et épuisante ; les Chambres sont fatiguées ; si la discussion s'ouvre en ce moment, elle sera incomplète, et la pensée du législateur restera incertaine. Quelques mesures dilatoires, quelques expédients de détail et de circonstance seront jetés comme une pâture à des intérêts impatients. Agissant ainsi par fatigue et non par impuissance, les Chambres n'oseront regarder la question dans toute sa grandeur et prendre une de ces résolutions qui sauvent.

Je souhaite alors qu'elles disposent le moins possible, et réservent pour la session prochaine la question presque tout entière.

Et alors, je souhaiterai une grande, une sérieuse discussion ; les intéressés la demandent, car leurs intérêts sont réels et méritent considération ; l'ignoble spéculation seule peut désirer pêcher en eau trouble ; les intéressés la demandent, et les principes d'une saine économie politique y pourront gagner beaucoup.

Mais pour une discussion de ce genre, il faudrait surtout que le ministère prît sa place naturelle, et ne se laissât point étourdir par les pétitions contradictoires ou par les clameurs. Pour juger l'ensemble, il doit s'élever au-dessus des petits faits et des petites relations.

Un général monte sur un tertre et domine la bataille pour la diriger à bien, et ne s'amuse pas à descendre en plaine pour écouter les gémissements des blessés.

Le ministère ne devrait plus attendre comme deux fois déjà l'impulsion des Chambres ; en pareille matière surtout, il doit leur donner la sienne régulièrement, constitutionnellement.

Les ministres auraient le devoir de parler avec une fermeté claire et nette, et de professer bien haut les bonnes pensées qu'ils ont dans l'âme s'ils sont fidèles à leur passé.

Que craindraient-ils d'ailleurs? On n'a point songé encore à faire de la question des sucres une question de cabinet.

Quelle que soit la valeur politique du ministère actuel, il faut le reconnaître, ce ministère est en mesure de trancher la question, et d'imposer à la Chambre confiance pour sa direction économique.

J'y vois M. Duchâtel, depuis huit ans une des lumières de la Chambre dans les matières économiques, et qui joint au talent de la théorie l'expérience du financier;

M. Passy, un de ceux dont la voix a le plus avancé l'instruction économique de la Chambre, si souvent élu, rapporteur des lois de douanes et de finances, rapporteur de la loi de 1833 sur les sucres;

M. Cunin-Gridaine, qui possède l'expérience des faits commerciaux, et qui, dans cette discussion de 1833, professa avec autorité les doctrines les plus rationnelles, les plus sagement progressives.

Si de tels hommes s'unissaient pour mûrir et défendre un système, tracer un plan définitif, et dès à présent proposer un premier pas, qui oserait dire que des hommes de cette expérience agissent en brouillons?

Et quand on les verrait, ministres, appliquer les

doctrines qu'ils ont soutenues devant les Chambres depuis dix ans, qui oserait dire qu'ils agissent avec partialité, ou par esprit de faiblesse et de concession aux circonstances ? Qui oserait dire qu'ils improvisent avec une précipitation funeste, quand ils ne feraient que poser enfin une conclusion pratique au grand discours économique qu'ils développent dans les Chambres depuis dix ans ?

Ministres, qu'ils sachent donc vouloir ce que, députés, ils nous ont montré comme bien. M. Duchâtel, M. Passy, M. Cunin-Gridaine; tous trois ont été devant la Chambre les orateurs de l'affranchissement, de la liberté commerciale; et nous, qui avons humblement fait notre éducation sous l'impression de leur parole, nous attendons.....

A quoi sert donc la puissance, si ce n'est à réaliser, par l'action, le bien qu'on a conçu par la pensée?

Qu'ils agissent, et ils rendront un service signalé; ils honoreront leur présence aux affaires par cet esprit de décision auquel les Chambres ne sont plus habituées, et dont elles salueront le retour avec bonheur.

A eux de fermer vingt ans de fautes et de tergiversations, et de commencer un avenir nouveau. A eux de démolir prudemment le vieil édifice colonial, de peur qu'abandonné à sa propre ruine il n'écrase à la fois dans sa chute les colonies et tant d'intérêts français compromis.

Beaucoup de clameurs viendraient contre eux de toutes parts, et des colons, et des ports de mer, et de la fabrique indigène. Est-ce qu'on fait du bien aujourd'hui si on écoute toutes les clameurs ? Et les ministres de 1822 et de 1826 ont-ils beaucoup à se féliciter des remerciements dont les colons durent les flatter à ces deux époques ?

Si les ministres agissaient, parce qu'ils auraient été fermes et clairvoyants la Chambre les entourerait de sa confiance pour l'exécution de cette grande mesure ; et parce que bientôt la navigation ne recevrait de l'affranchissement commercial, graduellement amené, qu'une impulsion nouvelle, les ports de mer aussi remercieraient ; et parce que les colons, déshabitués d'une route ruineuse et fermée à tout progrès, se sentiraient engagés dans une route progressive les conduisant à une ère de prospérité vraie et durable, ils remercieraient ; et parce que la fabrication indigène, définitivement naturalisée, venue à bien en libre concurrence avec la fabrication coloniale, pourrait désormais parler, non en suppliante, mais en industrie qui ne doit rien à personne, vivace parce qu'elle est normalement assise, la fabrication indigène aussi remercierait.

Nous sommes dans un temps où la clameur est prompte et injuste, mais où la justice bientôt vient durable et constante.

Nos hommes d'État ne doivent plus se préoccuper davantage de chercher à grand'peine à ménager entre les deux industries d'impossibles transactions dont l'année d'après détruirait l'équilibre. Le ministère, la législature n'ont point à faire transiger deux plaideurs, mais à diriger deux industries de la manière qu'ils croiront bonne, dussent-ils ne point obtenir les applaudissements de flatteurs intéressés.

Quand Dieu voulut que la terre produisît de l'herbe verte et des arbres fruitiers, il ne pensa point à ce que dirait le premier homme; mais il fit, voyant que cela était bien : *et vidit quod esset bonum* (Genèse, ℣ 12).

TABLE.

FIN DE LA TABLE.

PARIS. — IMPRIMERIE DE FAIN ET THUNOT, RUE RACINE, 4.

www.ingramcontent.com/pod-product-compliance
Ingram Content Group UK Ltd.
Pitfield, Milton Keynes, MK11 3LW, UK
UKHW012208240726
13966UKWH00002B/636